交通强国系列读本

# 区块链交通

## 开创未来交通新格局

赵光辉　朱谷生◎著

人 民 邮 电 出 版 社
北 京

**图书在版编目（CIP）数据**

区块链交通 ：开创未来交通新格局 / 赵光辉，朱谷生著. -- 北京 ：人民邮电出版社，2018.10（2021.8重印）
（交通强国系列读本）
ISBN 978-7-115-49412-2

Ⅰ. ①区… Ⅱ. ①赵… ②朱… Ⅲ. ①电子商务－支付方式－应用－交通运输管理 Ⅳ. ①U495

中国版本图书馆CIP数据核字(2018)第213878号

## 内 容 提 要

随着社会发展程度的提高和城市化的加剧，人群居住越来越集中，这对城市交通提出了更高的要求和挑战。面对保有量越来越大的私人汽车，面对日益拥堵的城市交通，面对日益繁杂的智能城市规划，政府、企业、个人等所有交通参与者，都在探索新的解决办法。

区块链和大数据，在某种意义上为智能交通提供了绝好的发展思路和途径。所谓区块链，是分布式数据存储、点对点传输、共识机制、加密算法等计算机技术的新型应用模式，它能很好地利用在交通、车联网、物联网等领域，以其开放性、自治性、匿名性等特点，为民众出行、企业发展、政府监管等提供极大的便利。

本书从区块链在智能交通发展方面的价值出发，详细阐释区块链发展对个人交通出行，企业交通、物流发展，政府监管、建设智能城市的实践和展望。本书案例丰富、说理透彻，适合对智能交通感兴趣者、交通领域从业者、政府交通部门决策者等读者阅读。

◆ 著　　　赵光辉　朱谷生
责任编辑　赵　娟
责任印制　彭志环

◆ 人民邮电出版社出版发行　　北京市丰台区成寿寺路 11 号
邮编　100164　　电子邮件　315@ptpress.com.cn
网址　https://www.ptpress.com.cn
涿州市京南印刷厂印刷

◆ 开本：720×960　1/16
印张：14　　　　2018 年 10 月第 1 版
字数：180 千字　　2021 年 8 月河北第 2 次印刷

定价：49.00 元

**读者服务热线：(010)81055493　印装质量热线：(010)81055316**
**反盗版热线：(010)81055315**
**广告经营许可证：京东市监广登字 20170147 号**

# 推荐序

这本书是我的学生赵光辉和他的合作者朱谷生教授撰写的一个丛书的第三本，前面两本分别是“互联网＋交通”助推交通强国》《大数据交通》，这一本书名《区块链交通》，三本书勾勒了前沿科技对交通运输的影响，较有前瞻性，内容也有趣，可读性强，是专业人士写给对交通感兴趣的普通读者的一本交通科普书。

世界交通大发展、大联通，促进了世界各地更加紧密地连结起来，改变了很多人的生活方式。从中国杭州到美国底特律，基本上可以来一趟说走就走的旅行，不需要再为跨越两个国家做复杂的行程规划，节省了诸多的精力，仿佛从密西根大学的北校区到中校区一样方便。“世界”这两个字：“世”是时间观，所谓“一生一世”，说的就是时间；“界”是空间观，所谓“界限”“界碑”“边界”，说的都是空间。交通不仅拓展了人类的空间，大大缩短了移动的时间，对世界的改变是很明显的。凡事都有两面，看到交通繁荣的同时，我们也能够清醒地感觉到，世界交通运输发展面临着诸多的挑战，如交通资源的消耗、交通环境保护、交通拥堵导致的时间浪费，共享交通的政府监管等，这些问题，需要有新的思路。

这本书提出的区块链交通为解决现在的问题、拓展未来交通领域，提出通过分布式数据存储、点对点传输、共识机制、加密算法等计算机技术，应用到交通网、车联网、物联网等领域，突出开放性、自治性、匿名性，为享受交通的民众、提供交通服务的企业、交通市场监管的政府提供了新的便利。

赵光辉博士是交通运输部交通青年科技英才，朱谷生教授是学术期刊的责任编辑，两位作者驾驭文字的能力比较强，将非常深奥的技术语言转换为普通读者能够轻松阅读的大众语言，把区块链交通对个人、对企业、对政府的实践和展望表述得比较清楚。例如，区块链交通如何改变出行与生活，区块链交通怎样改变运输，区块链交通怎样改变政府监管，区块链交通怎样促进资产激活与资本运营，区块链交通能否重构信任体系，区块链交通能否助推智慧城市等，作者还描述了区块链交通发展的美好前景。

记得上一次我和赵光辉博士在杭州安脉盛交流得很愉快，当时我谈到，人的生命和精力都是有限的，只要能赵光辉能朝着自己喜欢的方向不懈努力，富有耐心地坚持，一步一步往前走，秉承先师吴贤铭教授“改善”的精神，就是体现人生的价值。看到学生的著作面世，哪怕是有一些不太完美，也是很开心的。唯愿他继续努力，在他研究的领域更上一层楼，有更多的成果展现给这个世界，无愧于这个美好的世界和美好的人生。故欣然为之作序。

倪军

2018 年 9 月 10 日

于美国密西根大学

倪军教授，美国密西根大学吴贤铭制造研究中心主任，世界经济论坛未来制造委员会主席，中华人民共和国国际科技合作奖获得者。中国首批“长江计划”特聘教授，首批“千人计划”特聘专家，杭州安脉盛智能技术有限公司董事长。

# 前言

交通，是人类文明的重要组成部分。交通的发展历史，与人类文明的发展历史一样源远流长，饱含了无数创新智慧与劳动汗水的结晶。从原始社会末期打磨出的第一个车轮，到19世纪出现在欧洲大陆的铁路交通，再到莱特兄弟天空翱翔的身影……世界在交通工具与方式的升级换代中不断变小。

进入21世纪，以计算机与电子通信技术为核心的信息技术，将人类交通带入了智能时代。高科技与现代交通的结合，让世界变成了地球村。互联网与卫星通信实现了真正的全球交通一体化：个人使用智能手机，就能够将出行的方式、路线、道路状况、天气情况尽收眼底，选择最佳路线。除此之外，企业也能够通过电脑的辅助，完成传统时代需要耗费大量人力和物力的产品选型、订购、运输、仓储、搬运等物流预测与规划工作。

伴随着智能交通的诞生与应用，在科技力量的进步之下，交通领域新的运作与管理方式不断诞生，推动着交通、运输、旅游、出行等行业的整体进步。当时代即将走进新的十年，一个新名词跃然出现在人们面前：区块链交通。

区块链，对许多人而言是既熟悉又陌生的名词。说其熟悉，是因为区块链似乎在一夜之间成为热门名词，引起了全社会各界人士的广泛关注；说其陌生，则是区块链一词充满未知色彩，即便熟悉互联网生活的普通人，也难以解释。

无论个人对区块链有怎样的看法，更为重要的事实是，近年来，社会各界对区块链技术的关注热度始终在上升。伴随着在多个领域的落地应用，区块链成为继云计算、大数据、物联网之后新的科技浪潮，已经是不争的事实。而区块链与交通的积极融合，也将势在必行。

当区块链与交通相遇时，人们的想象空间将被无限拓展。

如果将区块链应用于驾照的发放、审核与检验，监管部门还会担心驾照作假吗？

如果将区块链应用于交通数据的上传与共享，是否会有更大的数据库向公众开放？

如果将区块链应用在共享交通领域的积分机制上，是否意味着任何人都能自由地通过驾驶赚钱，而且并不一定需要“带客”？

如果将区块链应用在智能交通基础设施的联网与车联网系统中，未来的地球会不会通过每条公路，形成无处不在的交通互联网？

区块链带给人们无尽的遐想，但它并非是遥不可及的幻想，从美国的硅谷，到中国的贵州，未来已来的图卷展现在人们面前。本书将与读者共同探讨区块链交通的种种现状与可能。

本书从智能交通、区块链的各自定义开始，分别从个人、企业、物流、车联网、信用、监管、环保等不同角度，分析探讨区块链与智能交通的多种创新结合点。全书内容详细充实、科学严谨，既有着基于学术理论展开的应用方向探索，又有着大量已经落地应用的项目介绍，其中大多是区块链的业界精英在共享交通、交通支付、车联网、物联网、政府监管等多领域进行的成功尝试。

诚然，区块链作为一项仍然处于探索期间的高新技术，在探索种种创造可能的同时，也不可避免地遭遇重重障碍与问题。但需要注意的是，这是每项重大科学技术大规模地应用于社会生产生活领域所必经的阶段，并已被无数历史证实。任何障碍与问题，都无法阻挡区块链交通带给全世界希望与财富。因此，我们相信，随着我国经济转型节奏进一步加快，人民群众的生产生活需求不断升级，对区块链交通的探讨与研究，将是未来十年智能交通领域最热门、最富有价值的关注点。而本书的诞生，将在此时此刻，见证区块链技术的伟大起点。

# 目录

# 第一章
# 智能交通的真正起点：
## 区块链与大数据

智能交通系统（Intelligent Traffic System，ITS），是将先进的信息技术、计算机技术、数据通信技术、传感器技术、电子控制技术、自动控制理论、运筹学与人工智能，有效地综合运用于交通运输、管理和车辆制造、服务等领域，构建保障安全、提高效率、改善环境、节约能源的综合运输系统。

十余年来，中国的智能交通从无到有，取得了长足的发展进步。在区块链与大数据时代到来之际，智能交通即将站到真正的起跑线上，创造新的辉煌成就。

## 1.1 什么样的交通才是智能交通

近年来，交通拥堵问题越来越突显，成为制约城市发展的基础性问题。然而，由于客观条件的限制，采取扩大道路面积、增加基础设施从而满足需求增长的方法并不现实，积极运用快速发展的信息技术，才是解决交通问题的新方向。因此，借助大数据、区块链等技术，采用新一代信息技术进行管理的智能交通应运而生。

### 1.1.1 什么是智能交通

何谓智能交通？一言以蔽之，**智能交通是以信息化为特征运行和管理的交通系统。**

具体而言，智能交通就是将先进的电子、信息、传感与检测、自动控制、系统工程等技术，综合运用在地面交通中，建立安全、准确、高效的地面运输系统。

**智能交通并不深奥，更不神秘，而是通过利用高新技术改造传统运输系统，形成信息化、自动化、智能化、社会化的新型运输系统。**

智能交通的各个组成部分以及提供的各种功能，都是以交通数据和信息的应用作为中心而展开的。在该系统的运行状态下，城市交通的各个层面都能通过多种渠道提供并汇集实时、全面、准确的信息，并能以智能化的分析、控制和管理系统，将运输工具、驾驶者、道路以及相关的服务监管部门相互连接，从而使道路与运输工具的运行功能智能化。

与传统交通相比，智能交通的建立与维护，能够确保公众高效地使用多种交通设施与能源，最终解决交通供求不平衡的问题，有效减少交通事故、改善交通状况。

## 1.1.2 智能交通系统的组成部分

智能交通离不开支持其运行的各个组成系统。目前，主要应用于实际的组成系统有如下几种。

### 1. 智能交通管理系统

该系统是智能交通最重要的组成与基础部分。其中集成了众多交通管理功能，根据对海量数据信息的实时检测、分析与预测，主动管理交通，从而摆脱传统交通中被动适应性管理的弱势。

### 2. 智能交通信息服务系统

该系统主要为出行者提供服务，利用无线与有线等多种方式传送信息，通过文字、图形、视频、语音等形式，为出行者提供相关的各类交通信息，将有关道路交通情况、通行所需时间、最佳通行方式等信息，随时推送到出行者的设备终端，从而引导他们选择最佳的交通方式、出行路线和出发时间，协调社会群体以最高效率和最便捷的方式完成出行。

### 3. 城市公共运输智能调度系统

利用全球卫星定位、无线通信等先进技术，对城市公交车辆、公共客流和道路信息加以采集、传输和处理，及时获取动态信息，并根据系统集成信息，对公共运营车辆进行实时监控和调度，结合实际情况调整车辆运营方案，提高车辆运营效率。在该系统的作用下，最终实现公共运输管理的科学化、智能化和现代化。

### 4. 智能商用运输运营系统

该系统主要利用卫星、路边信号标杆、电子地图、车辆自动定位与识别、自动分类与称重等设备与技术，对商用运营车辆进行调度管理，实时获取、分析商用运输车辆的位置、货物负荷、移动路径等信息，并利用分析结果实现高效的商用车辆与道路运营管理。

#### 5. 智能车辆控制和安全系统

信息技术与车辆的结合，使车辆具有道路障碍自动识别、自动报警、自动转向、自动制动、自动保持安全车距和车速等功能。利用事故规避、监测调控等功能，向驾驶者提供车辆运行过程中一切必要的信息，并通过车辆与监管系统、车辆与车辆、车辆与人之间的数据交换，在必要情况下发出预警，同时自动采取措施，从而降低事故发生的概率。

#### 6. 智能公路系统

该系统是智能车辆控制和安全系统、智能道路管理运行系统的集成。在该系统的作用下，车辆自动与智能交通设施、周围车辆相互配合，控制车辆的速度、方向，使驾驶者更为安全、轻松地驾驶车辆。在未来的智能高速公路上，甚至能够实现智能车辆的完全自动驾驶。

### 1.1.3 国内智能交通的发展现状与趋势

近年来，伴随国内智慧城市建设的步伐不断加快，智慧城市试点工作在全国上百个城市全面铺开，其中包括智能交通系统建设工作。

根据2014年国家发展和改革委员会、交通运输部等八部委起草并上报国务院的《关于促进智慧城市健康发展的指导意见》，智能交通被列为十大领域智慧工程建设之一。此后，各地政府对智能交通系统的建设日益重视。2016年，全国各地城市道路智能交通系统的投资达到356亿元。目前，**智能交通系统在我国主要城市已完成数据采集设备的铺设工作，这些设备都得到了广泛应用。**

值得一提的是，我国部分城市的智能交通管理已达到较为先进的水平。在这些城市中，交通信号灯系统、交通流量采集系统、交通诱导系统、ETC 收费系统、停车场资源引导系统、非现场执法系统等均已完成规模化建设。基于这些系统所提供的道路信息发布、停车引导、路况信息推送等服务已经基本实现。

伴随新一代信息技术的成熟、“互联网 +”的推进，新一代智能交通将引入传感器、通信系统、外围设施等新型智能化基础设施，无人驾驶车辆等智能化交通工具，共享汽车等创新服务。未来的智能交通，将能充分满足人民群众多层次的出行服务、智能物流和管理需求。

未来智能交通的发展将呈现如下发展趋势。

### 1. 全面感知的交通基础设施

由于车联网、物联网、大数据等技术的发展和相互结合，智能交通的建设将侧重于全面感知道路上的人、车、物，包括道路的实时运行情况、道路交通数据流、外场设备运行特征、各类交通行为、交通设施监测与掌控等方面信息的开发和利用。这些信息技术将为智能交通系统内的各项应用与服务提供支撑。

### 2. 综合的交通监管

未来的综合交通监管系统，将集成图像视频、卡口电警、信号控制、交通检测、交通诱导等不同的交通管理业务系统，并重点向交通警情处置、勤务特勤管理、重点车辆管控、交通违法处置等领域提供管理手段，力求对智能交通算法与交警指挥调度业务加以深度整合，为交通拥堵事件处理、动态指挥调度、交通组织优化与交通信息服务提供决策上的支持基础，进而保障城市交通常态，有效解决突发事件。

### 3. 智能安全的无人驾驶

在智能技术和互联网技术不断提高的基础上，无人驾驶系统将成为未来交通运输的重要方向，也是智能交通系统的主要组成部分。无人驾驶汽车利用强大的电脑芯片控制技术和互联网数据传输共享技术，将探测、判断、识别、决策、优化、执行、反馈、纠控等功能融为一体，使智能交通中对汽车的操控更为方便、可行。

### 4. 开放共享的智能服务

未来，随着互联网技术的不断深入应用，智能交通领域将涌现更多类似网约车、共享单车这样的智能共享服务。

例如，通过采用大数据对过往车辆数据进行分析，利用不同的行为分析模型，可以迅速分析车辆行为，如落脚点分析、出行时间段分析、通行车辆分析、区域碰撞分析、车辆轨迹分析、隐匿车辆分析等。

又如，可以采用大数据系统对城市的各类交通数据进行挖掘、整理，实现对海量数据的综合和高效利用，从庞杂的城市交通运输表象中寻找规律，为合理制定交通运输管理策略提供量化依据。

## 1.2 区块链与区块链交通概述

智能交通并不是最新概念，早在多年前，世界各国就已经提出了智能交通，并持续对之进行研发和应用。然而，在传统互联网时代，智能交通系统更多集中在对数据的采集、存储、分析、安全与共享上，无法做到实时、准确和高效。正因如此，即便在智能交通建设和应用最为成熟的欧美地区，交通改善情况也不容乐观，权威机构提供的预测数据显示，2013—2030 年，德国、英国、法国和美国很可能因交通拥堵带来高达 4.4 亿美元的成本损失。

面对既有智能交通系统技术的瓶颈，各国必须寻找更新一代的互联网信息技术予以突破。在这一全球背景下，区块链智能交通系统呼之欲出。

### 1.2.1 区块链原理

想了解区块链的人，不妨首先设想这样的场景。

假设在苍茫的群山之间，有一个与世隔绝的小村庄，名为桃花源。在桃花源中，每个家庭都拥有一定规模的资产，这些资产包括牛马、房产、日用品、蔬菜、粮食等。村子里的物质交换只在村民之间进行，村子里只有一位能写会算的村长，所有的交易都由他记录。无论交易信息增长多少，村长都如实地将信息记录在他自己的账本中，并加以保管。

然而，伴随村庄的扩大，由村长一个人记账的模式开始出现问题。为了缓解自己记账的工作压力，村长将记账技能传授给村子里的所有居民，使他们都能参与到记账过程中来。

为了确保记账结果不受影响，村长要求每家村民都应将所有的交易金额、交易时间等信息记录下来，同时，每笔交易记录都需要交易双方签字后才能生效。为了保存信息，村长还为每家村民分配了各自独立的信箱，只有该家庭成员才能使用钥匙打开自家的信箱，查看账目信息的变动。

从此之后，村里的记账模式发生了革命性的变化：一旦产生新的交易记录，交易人就将一页记载了新交易信息的记录，挨家挨户地放到每个村民的信箱中，这些交易信息按照放入信箱的先后顺序，自然形成了账本，而且每家每户的账本都完全相同，每户村民都可以随时打开信箱，查看所有人的账本，了解每个人的资产变化。

村长满意地发现，在这种情况下，即使有个别用心不良的村民对其信箱中的账本进行篡改，其他人的交易记录也无法改变，交易结果依然存在。甚至当村长不在时，村民只需要拿出每家保存的账本，根据多数原则确定统一的交易结果，并对其他人手中的错误账本进行修改，就能自主完成记账。

这种记账方式被称为分布式记账，区块链正是基于这一原理而形成的。

### 1.2.2 区块链的定义与特征

**本质上，区块链可以看作基于互联网的分布式账本技术。**如果用数学函数进行解释，人们可以将这一技术所对应的多种因素看作函数中的变量或因子。如分布式网络、共识机制、加密算法、智能合约、权限许可、价值和资产等，都是不同的变量。这些变量之间形成的有机组合，使区块链技术具有了与传统技术不同的新特征。

#### 1. 区块链是动态的点对点网络

在传统信息网络中，无论是银行等金融机构，还是互联网站等信息技术机构，抑或交通管理等公共服务机构，其“记账”的方式都是中心化的。在这样的网络中，信息的传递和处理，犹如桃花源村子中的所有村民都需要将交易信息报告到村长那里，在经济发展、社会进步的大背景下，这种中心化网络很容易变得效率低下。

**与这种传统的中心化、集中式网络架构不同，区块链对中央服务器的概念加以弱化。**在整个区块链分布式网络中，各个节点不再区分所谓的服务器和客户端，不同节点都可以向其他节点请求服务，也可以提供服务。一笔刚通过验证，并被传递到区块链网络中任意节点的数据，会被同时发送到其周边的相邻节点，而这些节点又会迅速将之传递到周围的其他节点。以此类推，在短时间内，一笔数据就会传播到网络中的不同角落，直到整个网络的所有节点都对之进行记录、保存。

节点之间能够直接交换资源，而不需要通过服务器进行桥接，这就像在桃花源村中，每个村民之间都能够进行“对账”，而不必经过村长。这样，身处区块链网络中，不同用户之间就能够直接实现资源的分享和利用。

**区块链网络是动态的**。在这个网络中，不断有新节点加入和原节点退出。新节点不断加入，为系统引入新的资源。这样，整个网络由此得到构建、维护和发展，而资源的丰富性与多样性也随之得到扩充，随着节点数量的增加，区块链网络的分散性、可用性与整体性也随之增强。

### 2. 区块链是分布式记录网络

区块链推翻了传统的记录模式，数据信息不再由单个机构记录，而是由网络中的每个节点共同参与记录。因此，在分布式网络中，每个节点都有账本的完整备份。如果有人想篡改记录，就必须对网络中海量的节点所存储的账本备份进行改变，这种难度几乎无法逾越，使分布式记录比中心式记录更为安全。

### 3. 区块链是对哈希算法的具体应用

由于新交易不断产生，记账本会有越来越多的新增信息页。体现在区块链结构上，一个又一个新产生的区块会不断链接到现有区块链的尾端。通过对哈希算法的具体应用，能够确保其中每个新的页面、每个新的区块都是真实准确的。

哈希算法是一种单向密码体制。该算法的原理是接收一段明文，以一种不可逆的方式，将之转化成一段长度较短、位数固定的输出散列，这种不可逆的方式即为加密。这意味着，任何人都无法通过输出散列的内容，倒推出与原文有关的任何信息。

正是由于原文信息的变化，哪怕只是某一位数字有所更改，都会导致散列结果完全不同。这样就能够做到让输出散列与输入原文完全一一对应，利用此特性，在区块链网络中可以轻而易举地检验信息是否被修改。

因此，**通过哈希算法，人们能够对一个信息区块的所有信息进行加密，从而将信息内容压缩为一串由数字和字母组成的字符串。这个字符串无法反推出原来的内容，其名称即为区块链的"哈希值"**。哈希值可以准确地对一个区块进行标识，对任何节点都能够简便地对其区块头进行哈希计算，获取该区块的哈希值。当人们想要确认区块的内容是否被篡改时，只需要利用哈希算法对之进行计算。如果记账信息没有变化，哈希值也就不会发生变化。

在区块链网络中，通常使用 SHA-256 的哈希算法对区块进行加密，该算法的输出长度为 256 位，即生成长度为 32 字节的随机散列。

### 1.2.3 区块链交通的现状与趋势

**区块链交通，即将区块链网络技术加以具体应用所形成的智能交通系统**。利用区块链分布式存储不可篡改数据的特质，解决智能交通系统的现有问题。同时，利用区块链的激励与沟通机制，促使智能交通系统中的各硬件主体，进行大数据的实时、准确、高效分享交换，在分布式算力和网络资源的共享下，形成有效的信息化管理和使用闭环。

目前，区块链技术的逐步应用，正与互联网、云计算、大数据、物联网等先进技术进行有效结合，对线上资源加以重新合理分配，开拓线下新型的交通运行模式，从而改善智能交通的现有问题。我国交通部门也正在积极利用区块链技术，将同行业信息加以整合，并与相关互联网行业合作，利用区块链、大数据与智能交通的融合，推进交通行业的变革前行，区块链交通与大数据虽然具有广阔的前景，但其应用正处于初级阶段，从当前的实际情况来看，主要存在以下两个问题。

### 1. 设备新增以及管理问题

随着区块链、大数据等新技术的引入，智能交通系统需要不断更新及完善，客观上促使新旧设备不断更替，随之带来大量设备新增、维护与维修问题，并涉及前端设备管理人员的培养、储备、部署问题。

例如，目前在我国一二线城市的交通重点地段和路口，各类前端信息化设备进行了有效的全面覆盖，但由于自然与人为原因，实际保存与工作效率并不高。如果不能及时加以发现、维护和更新、替换，会给进一步推动区块链交通的投资带来较大的成本压力。

### 2. 技术规范的标准统一

多年之前，我国的智能交通系统已经逐步建设，但到目前为止，尚未形成统一规范的技术标准。在区块链技术融入之后，智能交通的发展速度将更加迅猛，导致硬件建设会更加领先于行业统一标准。在这种情况下，更先进地区的智能交通系统将自成一体，全国智能交通一体化建设会由于相互衔接与配合的问题而放慢。

例如，由于目前各城市道路上的传感器标准不一，交通数据在区块链网络上的获取与共享无法高效实现，从而导致相关部门难以完全发挥区块链的作用来对交通流量数据进行抓取、分析和预测。

需要明确的是，虽然存在上述问题，但区块链交通仍是必然的发展方向。通过对区块链技术的使用，力求规模效应，全面的交通智能化管理最终将得以实现。在不久之后，一旦解决基础设施问题，区块链技术将能够在数据共享、服务创新以及诚信安全方面，满足交通系统多方面、多领域的强烈实际需求。

## 1.3 区块链交通涉及的领域及价值

将区块链技术应用在智能交通平台上，能够很好地解决现有交通系统暴露的多种问题，其中主要涉及的是大数据的应用领域。

**首先，区块链技术的分布式去中心化特性，能够将原有的大量服务器、海量存储离散分布到不同参与者的节点中，大幅降低系统部署和维护成本。**

**其次，区块链交通采用对等节点的理念，不同参与方节点除了对统一的基础服务节点提供资源外，同样能够专注自身业务，从而大幅降低了统一的交通管理平台技术研发的难度，提高了专用交通数据的处理能力。**

**最后，区块链技术中智能合约的引入，使系统在接入新的业务模型、数据模型时，只需要以软件部署智能合约即可，并不需要对整个后台数据库的存储结构、访问接口的数据结构全部加以重构，这将显著增强整个智能交通系统的灵活性与可扩展性。**

除此之外，区块链技术在智能交通中的应用，还涉及下列领域及价值。

### 1.3.1 智能交通数据共享领域

**区块链与智能交通重要的融合点，在于其激励机制所引发的数据领域共享创新。**其具体创新方向又分为个体和公共两大方面。

#### 1. 个体方面

通过运用区块链技术，驾驶者可以授权相关企业，对通过车联网设备和行车记录仪采集的、行车期间的车内和车外数据，随时分享给其他机构或驾驶者。机构或个人通过电脑和移动终端接收这些数据信息，并同时进一步分享出去，使智能交通中最基础的数字信息资产流转模式完成创新。

在新模式中，交通数据信息的消费者同时也扮演生产者的身份，智能交通覆盖到的每个人都能够使用区块链技术生产数据、分享价值。

#### 2. 公共方面

通过搭建交通运输链，构建面向交通运输产业的区块链网络。这一区块链网络旨在结合互联网、物联网等传统网络技术，借助区块链技术的可信任、智能合约等特征，将交通运输产业中的政府、企业、机构等主体，与车辆等运输装备，道路、桥梁、场站等基础设施，进行有效的数据共享网络链接。

在区块链基础上形成的交通运输链，能够打造新的数据共享流通信任机制，实现新的设备间点对点服务交换可行网络，推动交通运输产业主体协作模式的运行。此外，区块链交通运输链还能确保数据流通的公开透明，进一步确保数据资产权益，提升智能交通的运行效率，降低智能交通运行的总体信用成本。

### 1.3.2 物流与出行领域

**区块链技术不仅能够改变智能交通的数据共享现状，还将全面进入新时代交通运输行业中的物流与出行领域，发挥其独有的作用。**

以物流区块链技术应用为例：在物流过程中，每个区块能够记录不同环节的详细交易信息，随时上传到整个区块链网络。这样既可以达到信息安全共享的效果，又能促进信息交互，提升交通物流规模和效益。对物流机构本身而言，也能大大降低成本、提高效率。

在智能交通的共享出行领域方面，区块链技术同样能发挥重要的作用。例如，Uber 走在共享出行领域的前列，但作为一家以盈利为目的的商业公司，Uber 依然存在诸多传统中心化组织结构所固有的弊端。引入区块链技术，可以改变其目前所存在的困境。在区块链架构之上，共享出行的平台中心角色被弱化，转而形成向出行者提供分布式服务的智能交通平台。这一平台推行全新的协作模式，其中任何人都能做出贡献，方便他们更好地利用手头的资源提供更为经济实惠的交通服务。

## 1.3.3 与已有技术结合

将区块链技术与现有的智能交通领域的技术进行结合，能够使之发挥前所未有的崭新价值。其具体领域包括以下几点。

### 1. 区块链通证和车联网技术的结合

在区块链中，**Token 是重要的概念和应用，其准确翻译为“通证”，代表区块链上的一种权益证明。**

通证包含以下 3 个要素：首先是数字权益证明能力，通证是以数字形式而存在的权益凭证，代表特定的权利、固定与内在的价值；其次是加密能力，通证具有真实性、防篡改性、保护隐私性等特点；最后是流动性，通证能够在区块链网络中即时流动，从而便于随时随地进行验证。

在区块链交通系统中，将通证技术和已有技术进行结合，能够创造出新的管理模式，从而提升系统效率。例如，可以将车辆和车主的通证地址进行绑定，完成车辆认证管理。在这个管理体系下，车主的通证就是车辆的电子车牌号。通过普及通证的使用，高速收费、交通违章罚款、停车费用等有关车辆收费事务，都能够即时在线上进行，车主不需要排队等待完成线下支付，既能够节省个人和机构的大量时间，又可以有效缓解公共交通的拥堵。

### 2. 区块链数据共享与定位系统结合

通过区块链数据共享与定位系统的结合，能够有效记录并实时分享车辆所在位置，从而随时判断并发布交通拥堵状况，真正做到实时搜集并反馈交通信息。

由于区块链去中心化的技术特征，对数据的搜集和发布不需要全部通过中心服务器来处理与发布，能做到最快向车主推送信息，帮助车主使用智能终端分析路线、调整规划，节约车主的个人时间并降低道路交通拥挤度。

此外，区块链技术还可以通过与车辆定位技术的结合，根据实时数据，智能调整不同路段的收费标准。未来，智能交通将做到不同时间、不同路段、不同路况，设置不同的收费标准，从而迅速缓解堵车问题，改善交通状况。

### 3. 基于区块链的安全 P2P 交易

基于区块链的用户身份认证，能够使中心机构的作用最小化。智能交通参与方如车辆共享服务商、银行、车主、乘客等，可以直接根据个性定制的条款进行交易。

在交易平台上，区块链技术能保障安全迅速的 P2P 交易，所有费用可以直接从乘客的区块链电子钱包或信用卡中扣去，通行费、拼车费、汽车充电费、停车费等，都可以在任何时间段准确并实时支付与收取，同时向监管机构提交报告记录。

## 1.3.4 区块链应用案例

2018 年 3 月，保时捷通过与柏林初创公司 XAIN 合作，在其汽车产品上成功测试区块链技术的应用，使保时捷成为首家直接在个人汽车驾驶系统中应用该技术的汽车制造商。

研究人员将区块链添加到保时捷 Panamera 测试车上，司机不再需要通过保时捷的服务器下达指令，而是直接与车辆通信，车辆响应速度提升到 1.6 秒，比之前通过服务器提升了 6 倍，大大加快了车辆响应时间。

通过这一技术，车主可以临时授权他人使用其车辆。车主能够轻松远程解锁汽车，让家人或朋友取走车内物品；也可以授权给第三方公司客户如快递员，让他们把快递直接送到汽车后备箱。在诸如此类的交通工具使用场景中，目前需要通过对保时捷的服务器下发指令，但如果有黑客入侵该服务器，就能够在未经个人客户许可的情况下解锁汽车，导致安全风险。而采用安全、分散的区块链技术，则可以成功规避类似问题。

## 1.4 区块链交通如何构筑交通新生态

2016 年 8 月 5 日，国家发展和改革委员会、中华人民共和国交通运输部印发了《推进“互联网 +”便捷交通促进智能交通发展的实施方案》（下称“《方案》”）。《方案》指出，不仅到 2018 年要基本实现公众可以通过移动互联网终端及时获取交通动态信息，享受导航、票务和支付等“一站式”服务，同时还要在全国推行高速公路不停车收费系统、旅客联程联运和货物多式联运，以及北斗卫星导航系统等 27 个重点示范技术应用项目。

《方案》的发布，意味着智能交通将不再只是单向的、点线式的信息技术应用，而是对整个社会交通生态加以覆盖的全面创新。在构筑智能交通新生态的过程中，区块链技术将发挥令人瞩目的重大作用。

### 1.4.1 智能交通新生态

建设智能交通系统的最终目的，并非只是简单地对交通管理及日常出行方式加以升级，也不是从技术层面上打破多种运输工具、不同出行主体相互之间原有的信息壁垒，**而是要通过先进技术与大数据的融合，引入智能调度、路径规划和交易平台等方面的新解决方案，创造交通新生态。**

不可否认，我国许多一二线城市在改革开放以来的迅猛发展中，形成了一定程度的交通资源短缺，并因此引发了优质教育、医疗资源缺乏等问题。我们面对不断扩大的城市、日益增长的人口与车辆，只有创造良性循环的交通新生态，才能避免问题进一步严重。

理想中的智能交通新生态，理应具有下列特点。

#### 1. 畅通而快捷

稳定的智能交通系统，才能支撑起健康发展的新生态城市。同样，城市新生态的建设，也离不开其中交通系统在人流、物流输送领域发挥的作用。因此，智能交通系统必须在每个方面都向畅通、快捷方向发展，才能确保对整个城市新生态系统高效运转的支持。

#### 2. 低成本、低占用、低污染

新交通生态的建设与发展，应当是以系统优化作为先导的。如果一味追求面积扩张和规模膨胀，只会落入传统模式的桎梏中，带来交通环境的恶化。智能交通生态要在保持交通设施与自然生态协调发展的同时，依据生态学理论，对城市相关的物流、资源流、信息流加以系统优化，并以对资源、能源的利用效率作为交通生态是否健康的重要评价标志。

#### 3. 以人为本，体现公平

无论采取何种技术手段加以打造，城市中的任何交通系统都是为人们的生产生活提供便利的工具。因此，打造智能交通新生态，应尤为看重“以人为本、体现公平”的构建原则。其中“体现公平”要求整个生态是为城市中的普通居民打造，而并非为少数群体服务；“以人为本”则要求交通系统须明确使用技术的目的，将之运用到保障市民出行安全、便捷、舒适等因素上，同时考虑到与城市生态、社会进步的协调发展。

### 1.4.2 构建区块链交通生态圈

**推动智能交通新生态的形成，不仅需要促进车辆、人、道路、检测设备、信息渠道等客观因素发挥各自作用，还应建立起成熟生态圈所必须具备的自身运行机制。**

从区块链的特征来看，点对点的数据传送协议固然并非新事物，但这种无须附加信任机制、弱化中心并能够对信息高度加密而具有隐私保护能力的技术，完全可以作为整个智能交通生态圈运行规则的基础。

例如，人们有理由相信，在不远的将来，区块链将进化成为比现有的 TCP/IP 更适合打造智能交通网络的传输协议。此外，足够安全的分布式文件分享协议，也能够逐步形成基于云的文件存储和传输模式，确保软件和固件安全升级，并在设备间直接分享文件。正是由于具备了足以改变生态圈价值传递方式的功能特征，区块链交通将是未来智能交通生态圈的最主要的形式之一。

然而，构建区块链交通生态圈最大的挑战在于，其目标并非简单地创造一个交通联网，而是建立一个规模能够不断扩展的通用智能交通网络，同时确保隐私、安全和信任的共享。换而言之，智能交通网络中数以千万计的参与者，并非都是值得完全信任的，需要某种形式的验证与共识维护交通生态的健康、平衡。对此，区块链技术提供了适用的解决思路：在去中心化的交通系统中，促进数据处理和交互设备之间协作框架的形成。这意味着，在不同城市、不同层级的交通生态圈中，将会由不同的单独区块链负责管理其中的特定角色和行为，这样就会形成良性循环的自治生态圈，从而实现智能交通的生态化。

区块链能够管理的生态圈角色如下。

### 1. 用户的角色

在由数以千万台的设备构成的智能交通系统中，个体用户以安全的身份认证机制，与个人终端设备、车辆、停车设备、收付款设备等加以联系。在交互过程中，区块链技术帮助用户确定自身角色，进而协调用户和设备之间的关系，帮助用户完成对设备的授权和使用。这样，智能交通生态中“人”的角色得以创建。

### 2. 设备的角色

在确定用户角色的同时，区块链交通设备通过被授权共享信息如搜索更新、确认另一方设备可信度、交换资源及服务、支付或收取等行为，自动执行在生态圈中的角色功能，这样设备就能够为智能交通生态圈的自我维护与服务发挥重要作用。

引入区块链技术后，智能交通生态群中的设备，还具备自动与其他设备进行分享和传送的能力，从而形成全新的信息共享模式，并促成生态圈整体升级。在生态圈中，每个看似无关紧要的设备都能充当独立的角色主体，并以很低的交易成本与其他设备分享各自的能力与资源，如计算周期、带宽、存储空间等。通过这样的工作模式，区块链促进了设备生态链条的优化升级。

### 3. 制造者的角色

对汽车制造商、服务提供商和其他交通设备制造商而言，基于区块链的智能交通系统也是极具吸引力的。这一生态允许厂商在售出汽车产品之后，将维护管理设备的责任转移给其他设备，从而使产品无论是否在生命周期内，都能随时获得保障，并节省大量的基础设施维护成本。

总之，在区块链交通生态中，生态角色得以自行掌控，而并非被中心化的机构控制。传统智能交通系统中云的角色，就此从对系统的控制者转变为生态中的一员，在这种新的、扁平的生态系统中，不再由云作为掌管生态的中心，而是由平等参与的用户和设备维护生态平衡。显然，区块链交通生态不仅能够创建高效而可拓展的管理网络，还可以创造新的交通运输生态，并塑造新的生活与工作方式。

## 1.4.3 区块链交通生态案例

2015 年 10 月，支付巨头 Visa 公司的创新实验室和数字交易管理公司 DocuSign 旗下的电子签名实验室，在拉斯维加斯举行的会议上联合推出新的概念性证明项目。该项目致力于尝试使用区块链技术对租车数据进行记录和保管，推动汽车租赁过程的数字化，从而构建人、车、机构所形成的智能交通生态链。

该项目打造的区块链汽车租赁流程如下。

先是，车辆的身份信息被登记到区块链中；随后，租赁客户登录与区块链相链接的一体化系统中；在该系统中，客户选择租车类型，并利用电子签名签订租车协议；确定租车后，客户选择保险类型，并利用电子签名签订保险协议；之后，客户登录其 Visa 账户完成付款，租车信息即同步到区块链中，此后发生的停车费、维修费等均能够在 Visa 账户中直接付款；最后，当客户开车后，系统会自动跟踪记载并上传活动数据到区块链网络中，包括客户行驶距离、平均速度等。

在传统的交通生态中，租车行业的生态链条十分庞杂，其中，冗长的销售周期、缓慢的保险流程、烦琐的申请程序都会导致用户体验下降，同时降低整体生态链条运转的效率。而 Visa 和 DocuSign 所推出的区块链租车项目，能够对此加以彻底改变，解决传统租车生态中的弊端，打造高度安全互信的电子租车生态。

## 1.5 区块链和大数据融合下的智能交通

区块链、大数据以及物联网、云计算、移动互联等技术的融合，在智能交通领域的发展和应用，不仅能够丰富当下智能交通技术的内涵，还能为未来的智能交通拓展新的空间，从而对今后信息技术与交通系统有机结合提供足够的可能性。

### 1.5.1 区块链与大数据的融合重点

目前，区块链与大数据是构建智能交通系统的热门话题。虽然大数据技术的发展和应用早于区块链，在智能交通的应用中已经扮演着至关重要的角色，而区块链的相关应用还处于初期，应用技术与业务模式还处于探索之中，但许多人习惯将它们放在一起讨论，试图从中找到革新热点。

鉴于大数据应用相对比较成熟，以大数据为出发点，可以观察并了解区块链技术如何与大数据技术在智能交通系统的各个环节上进行对接。

目前，智能交通中的大数据核心产业链大致分为以下 3 个部分：**产**

**品部分，即交通系统大数据基础软件、应用软件等相关产品；数据部分，即数据源，包括交通数据采集、数据提供、数据流通（数据交易与共享）等与数据直接相关的业务内容；服务部分，包括交通系统大数据基础设施服务（数据存储、传输、清洗、脱敏等）、大数据分析服务以及大数据应用服务等服务类产业。**

在上述 3 个部分，区块链与大数据能够产生千丝万缕的联系。

### 1. 产品部分

大数据和区块链在产品部分的结合，重点在技术结构方面。虽然大数据与区块链技术都是分布式架构，但运用在智能交通系统中又表现出明显的不同。

大数据采用分布式技术，是为了整合多台计算机的计算力资源，从而将单机无法独立处理的任务，分配给多台计算机完成。

区块链采用分布式技术，是为了确保交通系统中不同主体可以相互信任，每个主体都可以通过自身使用的终端设备参与整个区块链的运行。由于每台计算机运行的任务基本是相同的，因此整个区块链通过大量看似重复、冗余的计算，从而实现多主体之间的相互信任。

简而言之，大数据技术侧重于用信任换取计算资源，区块链技术则是用计算资源换取信任。这样的差异，使大数据和区块链在技术上能够充分互补，为智能交通系统平台填补空缺。

### 2. 数据部分

在大数据的业态流程中，区块链可以在多个环节上找到其用武之地。

在数据源环节，智能交通涉及对大量主体进行数据采集、提供数据的情况，其中牵涉对不同主体的信任问题，区块链在其中可以发挥充分的作用。

例如，在智能交通系统中，每个采集主体能将自身采集到的数据向所有使用方广播，并将数据的哈希值保存在区块链上。区块链上的每个主体可以根据哈希值，验证收到的完整数据是否被篡改，这样区块链就能主动维护大数据的完整性。

在数据流通环节，区块链能起到更大的作用。交通各领域的大数据本身就可以看作一种数字资产，在传统的中心化平台上，其在传输、共享、交换过程中，会有不同的数据中心进行接触，无形中增加了数据泄露或遭到篡改的风险。引入区块链接触，能够实现数据流通，进一步减少原始数据的接触方，从而规避风险、解决问题。

在大数据服务环节，服务效率的高低，可以看作对数字资产进行分享和交换能力的高低。区块链在数字资产的交易中，也能够发挥重要作用。例如，近期出现的同态加密技术，即为区块链与大数据服务环节相联系的重要技术点，通过这一技术，能够将数据服务能力直接转换为数字资产，同时也规避了服务中原始数据泄露的风险。

综上所述，在智能交通领域，区块链与大数据有着充分融合的可能，其中重点在数据与服务部分。

### 1.5.2 区块链与大数据的融合平台

区块链与大数据的融合，离不开现有智能交通的信息与管理平台，这些平台大多构建在不同城市交通运输主管部门的综合信息平台之上。

目前，各地交通信息综合平台所面对的信息主要涉及当地道路路况、公交、出租、停车、地铁以及铁路、民航等。通过这一平台搜集与发布的交通信息，能够通过多种渠道向市民即时发布。市民只要有出行需要，就可以通过手机、网站、广播、微信公众号等，向交通综合信息平台进行了解和查询，系统会随时根据反馈信息制订最佳的出行方案。

**在区块链与大数据的融合进程中，开发者与使用者必须懂得利用各地的**

**交通信息综合平台进行技术改进和提升，使区块链与大数据技术获得新的应用空间。**例如，南京市城市智能云交通诱导服务系统，主要对市区人、车、路等交通影响因素进行综合分析，利用各类信息发布手段，为道路使用者提供优化的引导信息。厦门市智能交通指挥控制中心则通过路边检测设备、视频巡逻、电话、移动互联网等渠道，对当地道路交通信息进行采集和发布。由于类似的平台已经具备了采集、分析、应用大数据技术的能力，引入区块链技术对平台上的数据传输和分享机制进行改造，能更进一步促进数据使用效率的提升，使平台在智能交通管理中发挥更大的作用。

从更大范围看，区块链与大数据技术结合的平台，还需要放眼于各地“智慧城市”的建设方向。由于智能交通的推行发展水平，代表了“智慧城市”的建设进程，因此，开发者、建设者应抓住各地城市非涉密数据有条件开放的机会，对业已开放的数据进行充分挖掘，结合区块链网络的铺设建构，挖掘新获取的大数据背后的潜在价值，从而为群众提供更加智能、便利的信息服务。

总体来看，利用现有平台，放眼未来舞台，区块链与大数据技术将深度渗透融合，推动智能交通管理的深刻变革，并成为建设各地智能交通的首选思路。

## 1.5.3　区块链与大数据的融合因素

以区块链为基础的智能交通开放大数据平台，具体包括区块链节点网络、监管准入服务、数据参与方服务、数据源和操作器等多种因素。在这些因素的积极互动下，区块链与大数据两者才能充分融合。

### 1. 区块链节点网络

区块链节点网络可以采用联盟链技术。这一技术是区块链网络的特殊形式，包括节点准入和权限分级两大特征，并采用多种共识算法。联盟链的参与节点管控方式不同于其他共识机制，只有使用者特许准入的节点才能获取区块链数据，这样就能够确保在准入时对参与者的身份加以确认，更好地保护系统内的数据隐私。同时，利用高效的数据同步算法，确保系统平台的工作与存储效率显著上升。

#### 2. 监管准入服务

这个服务内容是智能交通开放大数据平台的核心。虽然从网络节点特征上看，区块链技术是公平化与去中心化的，但从实际管理体制上看，则需要做到中心化准入与权限分级，这样监管才能严格，做好对大数据访问的准入筛查、隐私保护、错误信息筛选等工作。

#### 3. 数据参与方

**数据参与方是指智能交通系统数据的提供者与使用者，具体包括政府机关、企事业单位、个人等。**例如，一个成熟的区块链交通服务平台，需要运用道路拥堵信息、车辆分布信息、天气信息、道路管控信息等，这些信息会分散在不同的参与者手中：道路拥堵信息通常为交通部门的摄像头传感器收集并上传，也可能由地图导航软件使用者上传；道路管控信息由政府相关单位上传；天气信息由气象部门提供……这些信息数据均由不同的服务提供方进行综合处理之后，通过区块链节点提交到大数据平台完成融合，并输出供平台其他方和参与方使用。

#### 4. 数据源和操作器

数据源和操作器是区块链与大数据融合之后的“眼睛”和“手臂”。其中，数据源以摄像头、检测器、监控系统、GPS 定位器等物理数据传感器或数据记录器为代表，它们向整个系统提供必要的数据。操作器则是对区块链网络上的数据进行综合分析之后的操作部分，如信号灯、交通诱导指示牌、停车收费系统等。

可以看出，在区块链与大数据融合之后的系统中，新增的因素并不多，只需要建设统一的区块链节点和监管准入部门，以便定义规则和限制准入。**系统的具体数据提供、共享和使用，均由所有参与方在区块链技术下进行，能够最大限度地提高大数据的系统效率，有效节约成本。**

## 案例：区块链如何解决停车难问题

智能交通，离不开对私家汽车的有效管理。国家统计局的统计数字显示，2005年之后，中国私家小汽车保有量以年均20%的增幅上升。到2015年年底，已经达到1.49亿辆。车辆数量的激增，既增加了交通拥堵的风险、提高了交通事故的发生率，又导致“停车难”开始成为城市出行的难题。

与此同时，停车设施作为城市交通基础设施的重要组成部分，在以往的一段时间里，并没有如同城市交通、道路设施那样受到充分的关注和重视。当汽车保有量迅速上升后，停车难的问题迅速突显，成为困扰车主、政府以及城市发展的一大难题。例如，有车难以找车位、供需存在矛盾、管理难以协调、支付不安全等问题频繁出现，导致出行者开车寻找车位耗时费力，停车场小、乱、散，智能化程度低而服务水准差，同样成为影响整个智能交通的痛点。

在上述问题的持续激化下，智慧停车产业作为智能交通建设过程中必不可少的重要组成部分迅速开展。鉴于这一行业发展的日新月异，区块链技术从中寻找到应用的突破口，具有刻不容缓的重大意义。

例如，AIpark人工智能研究院推出了解决城市停车难题的AIpark city城市智慧泊车管理系统，将客户对停车支付的体验作为重点革新方向。

众所周知，支付是停车闭环中的重要环节，保密性和安全性显得尤为重要。为此，该研究院开发了一系列产品，包括 AIpark one 智能停车场管理系统、便捷驾车人出行的 AIpark App、实现停车场无人化的“AII 蓝色大脑”等，均利用区块链的高冗余储存、高安全性等特点，建立了更为稳定、快捷、透明、安全的支付渠道。

引入区块链对停车支付技术加以革新，不仅能够提升收费效率，降低停车场的拥堵时间，还能带来三赢局面：首先，用户停车后，采取非现金支付，其过程中账户信息安全有保障，用户能够放心使用；其次，从停车场管理者的角度来看，支付数据的透明化更便于管理；最后，对于其他共享停车数据的机构而言，区块链支付技术能够实现精准的数据收集，从支付环节着手，实现对用户画像更为准确与完整的分析。

与支付环节的尝试相比，运用区块链分布式账本技术解决停车难的解决方案也日渐成熟。

城市停车难的根本原因在于停车信息的不对称、不及时，从而导致出现某个区域内停车场车位空闲而司机停车困难的矛盾现象。因此，对城市实时停车信息加以采集与分享，其价值远远高于对某个停车场数据的开采和利用。然而，传统技术面对停车场众多、有效信息即时共享、深度开发利用等问题，始终难以有效破解，利用区块链所具有的传递信任、重构秩序规则的能力，可以做到有效规范停车运营商、车主、交通管理机构之间的合作与共享。

2017 年 5 月 27 日，在贵阳数博会上，贵阳停车智联产业联盟提出“贵阳停车模式”。在这个模式中，城市停车区块链互联网作为底层平台，确保参加区块链网络的运营商具有平等接入平台的特性，避免不同经营者之间的矛盾。此外，该模式利用了区块链分布式账本技术，在参与者达成共识的基础上，相互采纳共同记录的内容，彻底解决了相互信任的问题；利用区块链智能合约的特性，构建了运营商和使用者之间的合作基础规则，使不遵守约定者随时暴露；利用区块链不可篡改的特性，将社会公德、停车规则、法律规定植入整个互联互通的基础平台中，使停车行为和管理可追溯、可信任。

车位宝 App，正是在此模式下诞生的具体停车解决方案。

2018 年，贵州宏立城集团发起建设的车位宝 App 正式上线，这是首个基于区块链技术的智慧停车移动互联网工具。该 App 开创性地将区块链技术与移动互联网、物联网、社区大数据等技术加以结合，打造将智慧停车与停车缴费、车位管理、车位转让租赁投资于一体的线上服务平台。

车位宝上线之后，首先为贵阳花果园、山水黔城等社区的 15 万余个停车位和上百万名用户提供服务。这一智慧停车管理平台也因此成为全球首家采用区块链技术的车位服务商。

用户下载车位宝 App 后，只需要绑定车牌号，获得区块链的专属节点，即可将有关信息加以互通，迅速实现车主与车位提供方的交互，由此，用户能获得更为便捷、智慧的停车方式，享受更好的停车服务。

# 第二章

# 机遇与挑战：

## 区块链交通的优点与难点

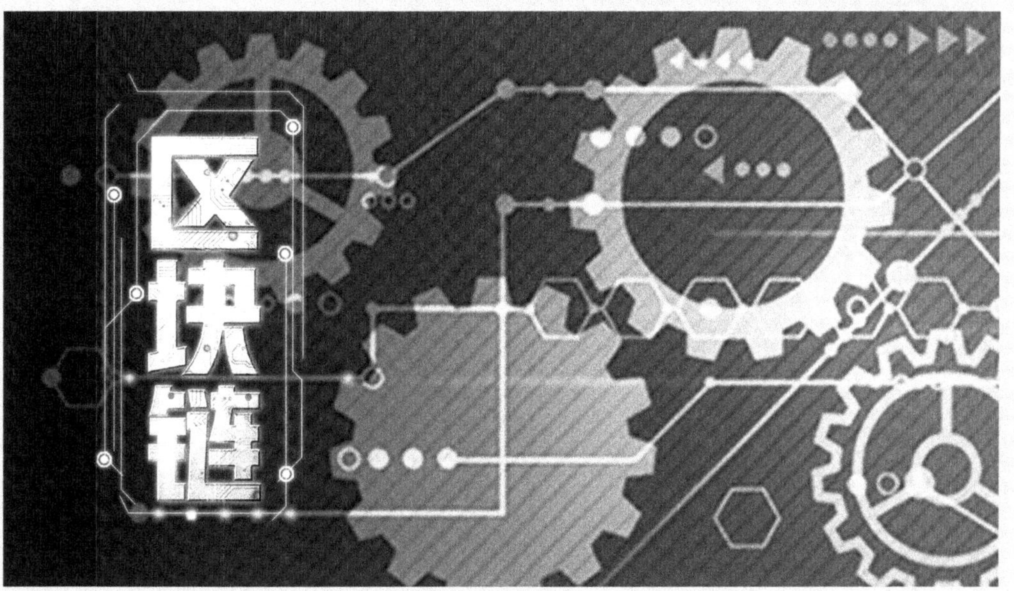

任何新生事物的出现与成长，都不可避免地伴随着优势与困难，区块链交通系统也同样如此。一方面，区块链交通的优点无可替代，其中，分布式账本、智能合约、数据安全管理等技术展现出前所未有的高效与安全；另一方面，硬件与软件配套的不足、交通环境缺陷、法律制度不完善等，成为亟待克服的难点。

## 2.1 区块链交通与传统交通的对比

我国城市化进程在不断推进，同时也面临着更大的挑战。积极运用区块链等新技术，完善智能交通的功能体系，解决现有问题，才能快速优化城市的综合交通资源，提高城市的竞争力水准，加快城市生活品质的提高，解决在城市发展过程中遇到的安全问题。为此，必须首先充分了解区块链交通与传统交通的差异对比。

### 2.1.1 观念的对比：滞后与先进

在传统城市交通模式中，寻求改善的方法大多将重点放在增强交通运输能力上，解决交通问题的主要手段是不断地修建道路。然而，运输能力不断增强之后，很快又激发了新的交通需求，导致道路不断扩建、标准越来越高，但交通拥挤状况依然有增无减。这足以说明，如果只是将思路停留在道路与运输本身供需匹配的相互关系上，就会过于注重物质性规划，导致迷失方向。

与这样的滞后观念相比，以区块链为代表的智能交通，实现了观念上的转变，即从单一的物质性规划、管理，转向满足人的合理出行需求。

区块链交通的观念，既重视整体运行效率，又注重每个交通出行主体的需求，而不是只从宏观交通层面上进行管理。在将新技术应用落实到交通管理和规划时，区块链交通注重提高大多数城市居民到达目的地的便捷程度，而并非形式上的发达程度。与传统观念相比，区块链交通的观念更为先进科学，更符合“以人为本”“美好城市”的先进理念。

### 2.1.2 地位的对比：从属与领先

在传统交通模式下，从交通规划到建设再到管理、运行，很大程度上都是被动的，对城市的土地规划具有很强的依附性。例如，任何城市土地的使用布局，很大程度上限制甚至决定了城市交通如何发生、如何分布。在此基础上其他的交通管理运营措施，同样受到了现实条件的限制。总体来看，传统交通位居从属性的地位，导致传统交通体系对城市管理而言，更多表现为配套设备性质，只是为了满足交通功能的正常运转，保证城市的土地使用与发展。

正因为地位的从属，导致了传统交通模式的成长革新速度与需求增长的速度相比总是落后的。例如，哪里发现了交通拥堵的地段，就在哪里进行“头疼医头，脚疼医脚”式的执法、规划或建设，这种做法并不能对交通加以疏导，反而会让交通拥堵更换新的形式和地点，或者产生更多新的问题。究其根源，在于传统交通功能的定位不清。

在智能交通时代，由于科技水平、工程建设能力的提高，交通水平对一个城市发展的影响变得至关重要，其地位直线上升，有成为我国城市发展第一动力的势头。尤其在资金、人才、土地、政策等其他条件比较接近的情况下，城市交通运营水准的高低为不同城市带来的对比更加显而易见。因此，各地政府层面的监管力量成为推动区块链交通发展的主要力量。例如，随处可见的电子眼、集成交通指挥平台系统等，都是在政府推动下获得领先地位的，它们也成了未来区块链交通发展的基础与保障。

事实上，交通系统的地位不断提高并非我国的特有现象。Grand View Research 2016 年的数据统计显示，智能交通的市场规模到 2020 年将达到 386.8 亿美元。在这种情况下，区块链交通从其萌芽、诞生开始，就注定获得优势地位。

### 2.1.3 内容的对比：片面与系统

传统交通模式的内容，与区块链交通相比显得较为片面。例如，传统交通的规划，实质上仅限于道路设施规划，大多是根据当地城市用地的布局要求进行道路网络的匹配，以对城市用地组织和分割作为首要功能。

传统交通更为显著的内容缺陷，尤其体现在交通工具机动化程度提高之后。此时，传统交通模式无法及时平衡设施使用与效率之间的矛盾，难以对现有设施和新设施进行整体融合、平衡，加大了整合多种设施均衡交通流量分布、发挥整体效益的难度。

在交通发展的新阶段，交通模式的进步不仅要关注交通体系的内部设施建设、需求管理和运行模式，还要关注交通与城市开发、人群、经济、文化、政治、环保等多个领域。因此，在区块链交通中，需要调整并关注的内容领域，早已超过了人、车、路之间的关系，而是高度综合的复杂体。只有区块链的弱中心化、分布式记账和无须验证信任等特点，才能保证从政策、机构、体制、管理、收费、基础设施等多方面着手，对上述复杂内容所呈现的问题进行解决。与传统交通相比，区块链交通的“大脑”更强，“注意力”更加敏锐，“运算能力”更为出色。

### 2.1.4 管理的对比：单一与多元

在过去十年的发展进程中，城市交通涉及的领域越来越广泛。在改革开放初期，交通管理只是交警等少数部门关注的问题，交通规划则由城市规划部门关注。时至今日，城市交通不再只是某个管理部门的工作，而是从政府到企业再到民间都会关注的焦点。例如，交通设施由市政建设负责，道路交通畅通安全由交通管理部门关注，客货运输效率和成本由运输管理部门负责，此外，与环保、招商、开发有关的政府部门和企业，都在交通管理中扮演着各自的角色。

在新形势下，如果依然采取传统交通模式，没有提供能够供多元化管理主体、多种运营流程相互并存的平台，显然会产生更多问题。

幸运的是，在区块链应用于交通系统服务的过程中，交通信息容错、信息融合、信息分析、信息存储等技术不断迅速发展，使处理海量、复杂而多元的动态交通信息成为可能。区块链交通在智能交通已有的基础上，依据区块链技术，在系统建设方面，更加强调通过智能合约迅速建立信任、确保任何数据都不能被更改（包括上传者和分享者），也确保信息的公开透明，大大提升系统智能性与协作的灵活性，从而使交通信息系统能够最大限度地与其他信息系统相互联通，进而催生全新的应用与服务方向，最终提高交通系统的运行效率。

综上所述，在传统交通已经开始被智能交通逐步取代的今天，区块链交通更侧重于将新技术在新环境中加以全新演绎，除了更加关注交通信息的采集和传递效率外，还更多关注如何共享、分析信息，如何将不同的技术特点在交通管理中有效运用，从而突出系统性、实时性、交互性和广泛性。因此，**区块链交通比传统交通有更丰富的内涵、更多元的价值取向、更为广阔的容纳空间。**

## 2.2 区块链交通的 5 个优点

区块链交通是利用区块链技术改进智能交通系统、提升其运行效率、解决城市交通问题的最佳途径之一。认识区块链交通所带来的机遇，离不开对其优点的认识。

### 2.2.1 解决交通数据所有权问题

在交通系统中，所有参与的部门或个人，共同创造了海量的信息数据。

然而，是否每个参与监控、分享、管理的主体，都得到了数据所有权？参与者是否都能完全掌握自己的数据？在传统的交通系统中，答案是否定的。而区块链交通的优点，在于能够解决数据所有权的相关问题。

自从人类发明了信号灯、违章记录或执法记录等交通管理手段，相关数据就在不断产生，这些数据很少会被看作未来交通系统中可交换、可分享的重要资源。然而，随着互联网的发展，这些数据的价值越来越高，数据所有权的问题就此显现。

从实际层面来看，由于无论是谁记录同一套数据，如同一辆车的出行偏好，数据内容都不会改变。因此，数据的真正归属权应该属于被记录主体，如车主，而不是记录者。区块链交通的诞生，恰恰能够确保这一点。

对出行主体而言，区块链技术能够记录并保存其交通数据资产，这样的记录还将受到全网认可，从而让交通数据来源及所有权变得透明而可追溯。在记录过程中，区块链技术能有效防止第三方对用户数据随意拷贝、修改，有利于形成可信任的数据分享环境。

当交通大数据与区块链技术整合之后，任何交通主体的数据将得到保护，第三方无法直接拷贝。同时，区块链技术也为交通数据提供了可追溯的渠道。在区块链上，人们可将不同区块上的交通数据信息进行串联，形成完整的交通轨迹清单，每个时间段、每个地域或者不同车辆的运行特点都非常清晰。如果人们对其中某个节点的数据存在疑问，就可以通过对历史记录的回溯，判断该数据是否准确，识别数据的真假。

### 2.2.2 破除数据孤立效应

虽然互联网精神提倡公开、透明、共享，但由于受经济利益、行政体制、领域区分等客观因素的影响，从个体到企业再到政府部门，在传统环境中都不会将手中的交通数据与其他人分享。尤其是关系到一个城市地域的交通数据，必然成为相关部门或企业的内部资源，而不可能进行无边界的共享，这就导致了数据孤立效应的存在。

在这种情况下，交通数据的过度集中，引起了马太效应，即掌握越多的交通数据，越容易集中管理交通的权力。作为交通数据的生产者，出行者个人根本无法获得数据资源使用的主动权，这也非常不利于交通管理成本的进一步下降。

运用区块链技术，能够主动打破数据孤立的格局，带来自由联通的优势局面。区块链能够为交通系统建立一个公开的分布式账本，记录交通管理中的任何举措。例如，交通决策从数据意义上看也是一种交易，区块链能够记录哪些机构“支持”的哪些决策，选择决策过程是如何进行的，根据区块链上的数据，人们就可以知道这次决策是否公平、科学与合理。

### 2.2.3 相对较低的维护成本

智能交通普及之后，这样的场景已经实现：高速公路上某段交通拥堵，监测设备会自动联系交管中心，要求进行管控；中心通过移动互联网，向附近车辆推送消息，帮助司机重新规划最方便、省时的路线……可以说，在传统交通系统中无法实现的管理与维护手段，都可以通过交通物联网轻松实现，即便原先不利用计算机的部分，也会被大量联网设备代替。

然而，交通系统物联网的主要问题，在于难以实现设备之间、设备与设备所有者之间的全面互动，尤其在区块链技术进入智能交通之前，旧有的交通生态体系只能依靠中心化的代理通行模式、服务器模式进行，所有的交通设备都通过云服务器进行验证并连接，设备之间的连接也必须通过服务器才能实现。因此，这对云服务器的运行和存储能力提出了很高的要求。

随着智能交通生态体系的不断扩大，云服务器已经难以满足巨大的需求，云服务器、大型服务器以及网络设备等基础设施需要花费高昂的维护成本，尤其当接入系统的交通设备数量增加到一定规模后，极高的成本会让交通系统网络发展陷入瓶颈。

与旧有模式相比，区块链引入交通设备物联网，具有较低维护成本的优点。区块链技术能够通过数字通证形式验证参与者节点，并将数据交换安全计入账本中；通过对网络上全部节点的验证确认，消除中央服务器的作用，从而不需要再为维护中央服务器付出超高的成本。

此外，区块链技术还能让机对机通信变得更加简单。所有的机器设备不需要依赖云服务器在物联网中工作，而是具有独立的验证能力，降低了每台机器的运行成本与风险。

### 2.2.4 方便的交易过程

智能交通网络日趋扩大与完善，汽车、信号灯、高速公路收费设备、停车场设备、加油站设备，总有一天会相互联通。区块链将能够为交通网络提供更方便、更安全的交易过程。

未来的区块链交通系统，与智能物联网系统紧密相关。在这样的系统中，全国乃至全球任何一个交通设备都将变为接入交通互联网的计算机，无论是私家车还是公交，都能够在交通互联网的数据市场中自主进行交易，而这正是区块链交通的巨大优点。

例如，未来的停车场管理公司可以通过安装传感器网络，检测其拥有的停车位使用情况，当用户开车四处寻找停车位时，能够通过车内电脑上的应用程序，查看从多个传感器实时传来的车位信息，并为这样的服务支付费用。在这个服务流程中，区块链发挥的最大作用在支付过程中：每个传感器都有其自身唯一的账户，不仅免费而且不需要人为管理。整个交易过程无须驾驶者分心，而是通过车辆与传感器之间的区块链连接实现。

### 2.2.5 受到资本青睐

建立完善的智能交通系统，非全社会力量无法为。如果仅仅依靠政府投入的公共财政预算，无法真正推行能影响每个人的新交通互联网络。为此，必须找到一种既符合时代发展需要，又受到资本青睐使其有利可图的技术应用，从而确保全社会都能关注并投入智能交通体系的建立过程中。区块链恰恰具有吸引投资者的优势。

从 2013 年开始，世界范围内的区块链技术行业已经获得较大的投资。随后，投资额度越来越大，到 2015 年，区块链行业投资金额达到 4.74 亿美元。2016 年，区块链行业吸引的投资总额达到 18 亿美元。在最初几年的投资中，中国地区比较少，但从 2016 年开始，各种区块链相关的峰会与论坛在中国召开，并吸引了众多投资者。截至 2017 年，中国 A 股市场上与区块链有关的公司已经多达 24 家，此外，金融机构纷纷加入或创建了区块链联盟。与此同时，各大企业也争相关注，例如，万向集团建立了区块链实验室，华为集团加入了超级正本区块链项目……可以说，市场各方都对区块链展现出极大的期盼，这一技术应用将从原有的蓝海变成巨大的红海。

由于区块链经济的最原始资本布局已经完成，在这个历史时刻推动区块链交通，将会拥有得天独厚的优势条件。

总之，**利用区块链技术为交通行业提供多元化的解决方案，将会带来巨大的收益**。今天的区块链技术，类似于二十多年前的互联网技术，其对交通行业发展以及其中每个角色促进运行管理方式的改变，将必然发生。

## 2.3 区块链交通实施的 4 个难点

以区块链为代表的新一代智能交通系统建设，将是一项由政府指导、市场参与、相关方积极配合的重要城市智能化应用工程。为了更快地推进实施区块链交通战略，必须冷静地看到目前存在的主要难点。

### 2.3.1 协调机制不完善

在《城市公共交通十三五发展纲要》等政策文件相继出台之后，我国各大城市相关部门和企业，积极响应智能交通建设的号召，其中以贵阳、杭州等地为代表，率先投入区块链交通的建设进程中。但由于各地地方政府的具体项目建设规划各有不同，缺乏统一的相互协调机制，导致现有的区块链交通建设规划进度的差异很大：有的城市提出了整体的建设目标、内容和要求，有的城市则并未从区块链技术应用角度落实智能交通建设的新方向、新步骤。

我们需要看到，由于缺乏完善、成熟的协调机制，不同城市与相关部门之间各自为政、相互脱节的现象较为严重，这大大提高了区块链交通的建设成本，造成了整体交通建设资源的浪费。

### 2.3.2 对区块链交通的认识不成熟

目前，我国对区块链交通的认识仍然处于探索中，整体认识程度并不高，对区块链技术的功能与定位、内涵与延伸、运用方法以及技术载体的研究尚不完善。大多数城市并没有将区块链与智能交通全面结合加以认识，了解程度依然处于较低层次，尚未形成区块链交通的意识。因此，对于区块链交通在信息预测、运行决策以及公共服务等方面的功能与作用缺乏准确的理解。例如，一些城市只是将智能交通当作便于监管违规现象、播报道路拥堵情况或者收取违规处罚金的技术平台，并没有意识到区块链技术在数据分析、预测判断、决策基础与信息共享方面的潜能。

由于各地在区块链交通领域的思考程度及认识方向上存在差异，因而各地建立统一体系所需要的信息资源、数据共享等平台尚未联通，难以发挥作用。

### 2.3.3 原有基础问题亟待解决

目前，我国区块链交通依然处于初步探索研究和尝试建设阶段，一些基础性的应用技术问题尚未取得重大突破，与区块链应用有关的服务能力还未充分发挥。因此，相关产品虽有可喜之处，但尚未完全满足市民群众对交通监管与服务的个性化、多元化需求。

具体而言，智能交通系统中的数据信息安全、交通流量引导、交通工具身份认证、信息采集与物联网的结合等应用技术问题，有待进一步创新与突破。同时，智能交通软件建设成本与技术费用之间也存在显著矛盾。又如，目前大部分智能交通设备是在引入区块链技术之前就已经搭建起来的，如果在现有系统中广泛推广、使用区块链技术，现有的旧设备就要全部被替换，这需要花费大量的人力、物力。

从宏观上看，我国城市环境与社会发展现状也影响着区块链交通的构建与应用。我国社会经济迅速发展，但城市化水平不高，由于人口基数大，城市道路的发展存在较大困难。此外，在现阶段，我国二三线及以下城市的道路交通以混合车辆、混合道路而组成的复杂交通为主要特征，其中交通设施、管理设施均无法跟上交通系统更新迭代的需求，包括城市道路结构不合理、城市道路功能不健全等问题，也成为制约区块链交通的瓶颈。

由此可见，如何突破原有系统的基础问题，成为我国发展区块链交通必须先行解决的基础。

### 2.3.4 区块链技术存在的问题

区块链技术虽然先进，但在大规模应用上存在一定的问题。从其自身角度来看，有如下原因。

首先，区块链技术的开发应用存在风险。目前，非对称加密是区块链安全的重要技术，但由于密码学、数学和计算技术的发展进程，在未来社会，区块链技术的加密技术有受到挑战的可能性。此外，现阶段相关编程力量的短缺，也有可能导致系统应用的漏洞修补不及时、升级困难等。

其次，在智能交通的实际运用中，由于区块数据不断膨胀，区块链需要在网络中的每个节点都进行备份，这会导致对硬件设备的需求不断增加。

最后，区块链相关人才缺口很大，需要着重加强培养。

## 2.4 如何解决区块链交通的技术难点

区块链交通的建立与运作，在世界范围内不断引起重视。这种新型的智能交通体系，需要借助区块链技术，根据城市道路交通发展情况对已有智能交通系统进行采集、处理、共享、发布、决策等方面的优化，在解决城市交通问题中起到重要的作用。为此，需要相关部门和人员根据我国社会交通发展的实际情况，解决其中的技术难点。

### 2.4.1 如何鼓励用户参与验证

**在区块链交通建设进程中，需要通过打造存储、记账和验证系统，实现对交通的有效管理**。但在应用过程中，区块链交通系统的设计必须首先克服现实中的难题：如何发动群众的力量，让每个出行者都愿意参与信息的采集、存储、分享和验证。

具体而言，在现有的智能交通系统中，市民只需要打开手机或车载联网电脑，被动接收推送的出行信息即可。而在区块链网络中，系统需要尽可能多的市民在车辆上安装采集设备，只要出行就能实时获取交通信息并进行分享，如果市民没有足够高的热情，这个计划很可能流于形式。

解决这个问题的关键方法，可以归结在代币的奖惩机制运行上。

区块链最大的优势之一，在于去中心化，即没有中间方参与记账。在这种情况下，任何区块链应用都离不开使用代币发挥奖励记账功能，从而使链上的不同节点都有动力参与记账。反之，如果代币机制乏善可陈，就需要第三方参与记账，这样的交通系统将回归到中心化组织结构，变成了一种升级版的交通数据库，对传统交通加以改造的能力就会大大降低。此外，由于交通区块链技术的覆盖面广，如果采取ICO方式发放代币，很容易演变出投机与非法融资等炒币行为。

因此，想要让区块链交通克服参与度不足的难点，就要保证代币即通证的发行不限量。例如，可以参考已经用于食品安全溯源的区块链项目，让代币仅仅成为一种记号，可以无限产生，从而失去炒作价值。

### 2.4.2 如何平衡中心化与去中心化

智能交通系统建构与运行中的信息不对称、管理成本、搜寻成本、执法效率、管理费用、规模效应、风险控制等内容，决定了其中心与中介存在的必要性，如交通管理部门、决策部门依然有强大的作用等。同时，所谓中心化，在新的智能环境下，也产生了新的发展动向。例如，从解决信息不对称到甄别泛滥信息，从过程中的“去中心化”到实际产生新的平台中介形式，都说明了在现有经济社会模式下，交通系统实现真正意义上的大范围去中心并不可能。为此，新的智能交通系统可以考虑分层次、分阶段采取不同的区块链种类。

从区块链技术角度来看，最理想的公有链即每个人都能够将计算机设备接入网络，无须获得任何人的许可。与这种公有链相比，交通系统更实际的设计方案是采用联盟链和私有链模式。

私有链，即权限仅在一个组织管理下的区块链。对该区块链，设计者可规定读取权限可以完全对外公开，也可以从任意程度上规定区块链的参与者。这种架构模式具有了区块链的加密技术，使错误检查更加严密，也确保了数据流通更加安全。

联盟链，即只对特定组织团体开放的区块链，本质上可以归于私有链分类下。目前已存在的联盟链应用包括 R3 区块链联盟、ChinaLedger、超级账本项目联盟等。

**综合使用私有链和区块链，能够很好地平衡去中心化的技术与弱中心化现实需要之间的矛盾，保证区块链智能交通系统能完美地发挥作用。**

### 2.4.3 如何保护出行者隐私

在区块链公有链中，每个用户的数据都是公开透明的，理论上可以被使用区块链的任何人查询，从而便于监管与服务。但从现实需要来看，绝大多数用户不希望自己的出行轨迹、驾驶偏好等数据对外泄露，商业机构或政府部门更会将交通大数据看作资产而不愿提供。因此，在区块链向交通领域落地的过程中，需要解决保护隐私与执行监管之间的难题。

解决这一难题，需要利用区块链技术中的化名机制。例如采用哈希值作为交易标识，哈希值可以代表使用者的身份，与真名无关。但由于用户反复使用哈希值进行交易，交易之间必然能建立关系，因此哈希值仍然有被破解的可能。

那么，如何在保证隐私即隐藏交通数据内容的情况下，在交通领域实现区块链的特性？目前，已经有了更为成熟的匿名方案。

在未来智能交通体系的区块链设计中，可以使用链式混合与盲化技术保护隐私。前者是指用户的交易可以随机选择多个主节点，并在这些主节点中依次混合最后加以输出；后者则是指用户不直接将输出输入地址发送到数据池，而是随机选择主节点进行输入输出，这样主节点之间就很难获取用户的真实身份。

另一种值得考虑的匿名方案，是不依赖中心节点的加密混合方案，包括隐蔽地址和换签名技术。

当发送者向接收者发送数据时，需要先通过每次都重新生成的接收者地址，利用椭圆曲线加密方法，计算出一次性的公钥。随后，发送者将该公钥与一个附加信息发送到区块链上，接收方则根据手中的私钥检测每个交易快，从而确定发送方是否发送了数据，这就是隐蔽地址技术。

如果对隐蔽地址技术进一步改进，当发送者要建立交易时，需要使用自己的私钥和从其他用户的公钥中随机选出若干公钥，对数据进行签名，这样就能够让交易看起来拥有多个发送者，但其中只有一个是真的，通过查看签名，无法辨别哪个地址真正发起并最终签署了交易。这样的技术也能有效地保护使用者的隐私。

### 2.4.4 如何解决扩容问题

目前，区块链技术面临的主要瓶颈问题在于缓慢而昂贵，即便比特币或以太坊这样的区块链平台，每秒也只能处理大约 10 次交易，而传统支付平台则能处理 5000 ~ 8000 次交易。相比之下，交通领域的容量与计算速度对比则更为明显。因此，缓慢的信息交换速度导致的高成本，成为制约智能交通领域向区块链平台迁移的巨大障碍。

目前，为了提升区块链平台的速度，许多区块链公司致力于让基础设施获得可扩容的功能，其中主要包括下面几种解决方案。

#### 1. 增加区块大小

让每个区块能传送更多的信息值，例如，从当前每个区块 1MB 提升到 2MB，能够让处理速度提高一倍。区块越大，处理速度就越高。但这也意味着网络需要处理的文件越来越大，一旦超过某个临界点，这种解决方案就失去作用。

### 2. 链下解决方案

在区块链上，每次输送数据都必须得到网络中每个节点的验证。为了节约巨大的算力，可以在区块链网络之外构建协议。例如，签订“用户每天都要支付 10 元的通证作为停车费用”的协议后，用户向区块链网络发送一笔交易，象征协议的开始，在一个月后，再发送一笔交易标志该协议结束。协议结束后，停车场经营方可以直接在网络上将获得的总通证交换为 300 元。这一系统运行的缺点是整个数据交换过程都集中在托管链下交易的服务器上，其透明性与安全性需要加强。

### 3. 代理共识协议

区块链网络上处理数据信息的速度非常慢，这是因为网络中的每个节点都必须参与处理。为此，用户可以委托区块链中的一组节点作为“代表”来运行协议，当这些节点在事务上达成一致时，即可代表社区的共识。目前，大多数区块链项目在进行扩容时都采用这种协议技术。

### 4. 分片技术

这个技术通过将网络分割成碎片进行扩容。通过分片技术，大型的交通数据库能够分成更小、更快、更易于传送的数据碎片，从而使区块链具有线性的扩容能力。

我们需要注意的是，对于上述所有扩容方案而言，硬件的带宽与存储量都是主要瓶颈。因此，在现有基础上，为了解决区块链交通系统可能出现的容量限制，在技术开发与应用方面，还需要进一步寻找更好的解决方案。

## 2.5 区块链交通的 6 个应用场景

在区块链出现之前，从未有人想到过人类相互沟通的信任成本能如此之低。同时，区块链利用密码学理论有效解决了互联网价值传输机制，而不是利用传统的信息复制方案。正因为如此，区块链出现之后最早的应用场景就是比特币，实现了在互联网零信任环境下进行价值传输。在这个场景出现之前，一个中国人和一个美国人想要换点钱，必须通过繁杂的银行体系，而在新的应用场景中，他们只需要轻点鼠标，就能完成比特币的交换。

实际上，今天的区块链技术更像早期的互联网 Web 技术。二十多年前，互联网只有最简单的网页与聊天室应用场景，如果回到那时，告诉所有人互联网除了看新闻与发消息，还能够购买商品、视频直播、炒股、打车、叫外卖……绝大多数普通人会难以想象。在科技进步的历史中，这并不奇怪，因为按照互联网科技的发展规律，其各种先进技术总是在虚拟世界被广泛应用之后，才能逐渐渗透和融入实体行业，并最终走进人们的生活。

那么，区块链会带给人们哪些交通应用场景呢?

### 2.5.1 智能车险服务场景

**大交通领域离不开车辆保险的销售、购买、赔付等应用场景，车险使用越方便、效率越高，就越能促进交通运行水准的提升与发展。**区块链在智能车险场景中有着极大的运用空间，而这离不开智能合约的应用。

智能合约本质上是一套互联网程序，能够运行在共享并分布的账本上，还能储存账本上的资产程序。这些特点，决定了智能合约是区块链的应用范围。

利用区块链技术的智能合约功能，无须投保人申请理赔，也不需要保险公司的批准，一旦系统检测到理赔条件被触发，就会自动开始理赔程序，在最短的时间内将赔付款项支付给用户。

试想这样的未来场景：当车主购买保险时，不需要阅读冗长复杂的文本或者接收大篇幅的电子合同，只需要与保险公司将事先约定好的内容用代码的方式写进区块链智能合约，以数字形式定义的承诺协议，自动进入区块链数据库。当你的车辆在公路上出现险情，你通过视频或其他检测设备上传数据到区块链数据库中，合约就会根据条件执行条款。

将智能合约引入车险行业，区块链技术不仅能够记录驾驶过程、形成事故报告和车辆报告，还能形成投保人自己的行驶资料与车辆信息存储库。当遇到事故之后，智能合约可以根据实际情况自动完成理赔过程，这将大大节省人力、物力以及时间成本。

2017 年，欧洲保险业五巨头组建了 B3i 的保险业区块链联盟，成为全球最先建立的区块链保险业结合实体。该组织致力于将传统车险行业的执行效率提高 30%，生产成本降低 30%。在其已经推出的保险产品中，用户过去所看到的条款全部转化为代码，自动理赔并形成统一的行业标准，力求带动整个行业的转型与升级。

除了 B3i 之外，已经有不少国内企业也在开始着手研究区块链智能合约与车险结合的可实施性。一旦研究成功，必然会解决保险与交通行业现存的许多问题，带给广大交通用户更好的体验。

### 2.5.2 区块链交通资讯服务场景

**区块链对交通行业的改变绝非只停留在公路上。**区块链交通资讯服务已经进入了人们的生活，这个新型服务场景会重新定义每个人对交通和资讯服务的看法。

交通资讯链是一个基于区块链的有偿交通咨询链网络。通过这个网络，每个用户都能够获得自己想要的定制化交通咨询，并通过在平台上的主动分享信息行为，向其他用户进行广播并提供与各条资讯相应的解决方案。

在交通资讯链的服务场景中，每个用户接收到的信息都是对其出行真正有用的信息。无论你是交通行业里资深的职业人，还是一个普通职场人或学生，都能通过智能手机终端即时获得想要的交通信息。这些信息来自不同用户各自使用机器的采集和上传，覆盖面非常广泛，既有全国性的，也有地域性的，它们构成了一个庞大的信息池。当用户使用该信息池服务时，系统会根据每个人不同的喜好和需要，向他推荐最需要的内容。与此同时，与其所获得的交通资讯相关的解决方案，也由其他用户上传，这意味着当用户获得任何一条资讯如“××路段拥堵，行驶速度缓慢”时，就会马上获得与此资讯相应的解决方案。

不仅如此，使用区块链交通资讯，用户能够迅速找到价格最便宜的加油站，或者品质最佳的加油站，根据用户使用的汽车型号、驾驶喜好，交通资讯链也会从区块链数据库中为其量身调取最佳的加油方案。

在区块链交通资讯服务场景中，用户还能随时了解天气新闻，如下雪造成路滑引发交通事故的新闻。面对新闻，用户不需要思考怎么做，只要继续滑动手机屏幕，就能得到对抗恶劣天气的行车方案。此外，即便在行驶中，用户也只需要点击车载电脑或手机，就能获得关于限号、堵车、地铁拥堵、便宜机票、公交充值、交通广播等所有与出行有关的资讯和方案。

最主要的是，用户甚至可以通过使用交通资讯链赚钱。在国内已推出的相关服务平台上，用户可以通过发布与分享资讯，获得相应的报酬，报酬通过“交通币”的形态发放，并流通应用于任何相关的区块链场景中。这进一步说明，区块链技术是打造和维系交通资讯链的重要技术，也是该服务场景的核心技术。

### 2.5.3 区块链出租车服务场景

出租车是目前大中城市生活的重要组成部门，在纽约、伦敦等特大城市，包括共享形式在内的出租车，甚至超过了私家车的出行量，成为这些地区轿车出行的主要类型。正是因为出租车的便利性、服务性等特点，使其成为交通行业不可或缺的一部分，其未来服务场景的改变，也影响和关系到每个人的生活。

今天，共享出租车服务平台，表面上构建了去中心化的网络，但人们越来越强烈地意识到，平台所有者其实完全控制了服务网络，并貌似理所应当地收取了服务费用。当区块链进入出租车服务行业后，新的场景将建立在点对点共享出行的应用程序之上，车主与用户完全能够自动支付获取停车费、通行费和燃料费，平台所收取的费用比例将降到最低。

当区块链开始介入出租车服务行业后，将会致力于打造完全透明的服务体系。原本占据重要管理地位的协会或公司将不复存在。相反，所有拥有类似交通币或其他区块链代币的用户，都能实时享受服务。

例如，当你前往国外城市，当地法定货币与你原先持有的货币完全不同，而你需要使用出租车从机场到酒店，却没有时间换汇。此时，使用区块链技术支持的出租车服务，完全可以消除任何形式的货币兑换需求。这样的场景价值，能够在全世界任何大城市向用户提供，显然超过了现有任何出租车服务所提供的体验。

### 2.5.4 旅行交通服务场景

毫无疑问，旅行服务是交通领域中不可缺失的重要部分。为旅行者提供的交通服务场景价值，并非只是影响其旅行体验，事实上也决定了旅游目的地交通系统运行效率和水准，并进一步影响广大地区、更多出行者的生活体验。

然而，传统旅行模式中围绕交通所提供的服务，并不能适应智能交通时代的进步步伐。如果不引入区块链技术应用，就难以实现旅游与交通布局的共同进步与平衡发展。因此，一批企业平台试图打破原有旅行交通服务平台的垄断地位，以区块链技术为出行者带去更好的服务。

**在未来，区块链会围绕旅行交通的核心需求，形成去中心化而不可篡改的数据库**。例如，当你想要了解某家旅行社时，只需要及时获取其他用户上传的交易数据，就能看到区块链网络之前记录的预订和支付系统中的数据信息，从而了解其他用户对该旅行社提供的交通服务评价状况。这样的服务场景能够非常直观地显示交易双方的信息，从而推动旅游交通全场景布局的建设。

另外，在旅游出行前，用户还可以利用特定平台的区块链技术应用，直接连接旅游服务商、交通工具提供商和其他同一路线的出行者，获取包括票务预订、车辆信息、路线规划、交通资源共享、旅游日程分享、旅游出行保险等服务。在类似的平台上，用户不仅能够使用传统旅游的交通功能，还能对接保险、金融等周边服务商，并伴随平台的不断发展获得更加完整的行业链条综合服务。

新的旅行交通服务平台还可以带给用户更多去中心化的生态服务场景，包括用户可以使用通证系统，作为在平台中进行交通支付或激励的工具等。例如，当用户想要在区块链交通服务平台上预订旅游目的地的共享租车时，只需要在平台上利用个人的通证完成支付即可。当抵达目的地后，区块链技术支持的智能合约自动开始生效，如果租车及时、准确地提供服务，即从用户代币钱包中扣除交通费用；如果未能及时提供服务，智能合约即对用户提供补偿，并联系新的共享出租车辆。

### 2.5.5 交通违法实时举报场景

**区块链技术通过对交通运输系统的各个方面进行升级，改善交通现状**。由于去中心化与隐私自主是区块链的优势，这一技术同样能体现在对交通违法实时举报场景的打造上。

实现交通违法实时举报功能，需要充分的区块链普及基础：首先，驾驶员个人身份信息、驾照信息能够与车辆信息、代币钱包地址结合并绑定在一起，实现车辆与人员双向认证的管理，并利用区块链半公开的特性，实现电子车牌号与电子驾照结合的功能；其次，打通交通执法部门、管理部门与司机个人电子钱包之间的支付环节，使用电子代币能够直接支付交通违规的罚款等，实现即时、智能的罚款缴费。

在上述硬件布局的基础上，由于车辆的信息随时通过 GPRS 上传到区块链网络中，因此车的行驶位置、轨迹、速度都能够通过与周围车辆、交通监测设备的数据互动被记录下来，并借以判断是否存在闯红灯、违章占道等违法行为。同时，任何出行的车主都可以实现对交通违法现象的实时监控与举报。最重要的是，这种监控与举报是非主动性质的。

例如，车辆行驶中变道不打灯是许多驾驶者习以为常的违法现象。这种行为看似不会带来直接的严重后果，但如果不加以遏制，就会因为数量众多而影响交通系统的整体效率和安全。在传统交通系统中，由于无法实现对每辆车的实时、全面监控，难以做到上传违法数据并进行处罚，但在区块链交通的违法实时举报场景中，完全可以加以改变：要求每辆上路车辆安装行车记录仪，并配置区块链记录和上传设备。开车时，行车记录仪会自动工作，实现对前车的实时监控，一旦发现前车变道不打灯，行车记录仪就会记录，并将数据上传到网络中。由于分布式记录的可信任性、数据的不可篡改性，交管局在收到违法记录后无须核实，即可直接扣款处罚。

同样，类似的实时举报处罚还可以运用到开大灯、违规变道等违法交通行为上。通过对驾驶者有力的约束，提升个人驾驶的素质，从而改善交通状况。

### 2.5.6 交通事故处理场景

**在区块链交通体系中，事故处理领域也引入了新技术，为出行用户带去更便捷、更成熟的服务体验。**

在传统交通事故场景中，由于数据易变、易改或受到操纵，而难以被双方信任和接受。虽然管理机构开展了大量工作予以改善，但类似现象仍然难以完全消除。区块链通过对多项技术进行组合，首次实现了电子数据的唯一性与真实性，将之应用在交通事故处理过程中，就能成功确保相关数据的唯一性与真实性。这样即便只是通过线上提交证据，其可信度也能够得以固定，并足以在交通执法过程中发挥重要作用。

2018 年，浙江省金华市公安局交通警察支队成为交通事故区块链技术的试水者，他们在“金华交警”微信公众号中推出了“事故无忧”服务平台，向出行市民提供基于区块链的在线证据咨询服务。

该项服务是国内首次将区块链技术使用在交警搜集意外现场证据的案例。使用这个交警公众号，能够对伤残等级评定标准主动进行在线查询、展示，并能够对伤人事故赔偿标准进行及时计算。此外，交通事故当事人所进行的查询记录、计算结果，包括通过智能终端设备获得的专业司法鉴定机构的伤残等级评估记录，也都会通过区块链网络加以保存、共享，从而为交通事故的最终责任判定、赔偿标准确定等事项，提供高效、公平、安全的解决方式。

在打造该平台时，线上评定标准、算法和咨询服务均由专业的医学司法鉴定机构提供，其提供的内容记录、时间记录均通过向区块链网络的锚定而获得网络上的充分信任，做到不可更改，从而为当事人双方围绕事故赔偿进行磋商提供了可信的鉴定依据。

在使用该项服务时，交通事故的当事人可以通过移动互联网访问“金华交警”微信公众号。遭遇交通事故之后，可以快速根据现场情况获取司法鉴定中心对受伤人员伤残等级给出的司法鉴定意见，同时也能够自行查询伤残等级，并估算出赔偿的合理标准和范围。

尽管区块链在交通领域依然是一项新颖的技术，其应用中许多实验性项目注定会经历失败，但人类创新的可能性是无止境的。除了上述应用场景之外，区块链还将影响交通领域的各个方面，其所形成的分布式自主解决交通应用方案，将在每个人的工作与生活中发挥巨大的作用。

## 案例：区块链交通能改变什么

曾几何时，人们对区块链有所误解，提及区块链，除了比特币之外几乎一无所知。但今天，区块链应用场景正在不断落地，使人们大开眼界。其中，区块链交通正逐步向每个人的生活走来，悄然展示出其对传统行业迅速改变的力量。

在交通运输领域中，货运和物流行业是一个成熟行业。2015 年，全球该行业的年收入大约 8 万亿美元，到 2023 年，这个数字将达到 15.5 万亿美元。如此蓬勃开展的国际贸易，需要开放的供应链技术，这是确保自由贸易原则的重要基础。然而，从历史上看，尽管货运业是现代世界交通领域的重要组成行业，但其在技术进步和运营管理等方面仍然相对落后，行业的分散性导致整个物流过程中的透明度很低，没有任何参与者能承担主要责任。结果，货运和物流行业中暴露的问题不仅是运输效率低下，更导致了其所在交通体系的整体缓慢与拥堵。

为了解决这个问题，BiTA（全球区块链货运联盟）应运而生。这个联盟由经验丰富的高科技与物流运输管理人员组成，起初旨在为货运业的区块链应用发展提供教育与培训。很快，这个联盟汇聚了全球该行业中最有远见的企业，它们通过汇集重要的技术力量，在区块链大旗下推动行业革新。

根据这个联盟官网的数据，最初有将近60多家公司作为全球会员加入，这些公司共同开发和使用了300多个应用程序。2017年11月，全球运输巨头美国联合包裹速递服务公司（UPS）加入这个联盟，他们表示，希望借此提高托运人、运营商、经纪人、消费者、供应商和其他供应链利益相关者之间的联系效率和工作透明度。

2018年1月31日，京东物流正式加入BiTA，目标是开发物流及货运行业的区块链应用标准及将其推广。

2018年3月，美国通用电气下属公司GE运输集团宣布加入该联盟，计划利用区块链技术构建数字化物流供应链。

截至2018年5月，该联盟已经吸引了230多家全球公司加盟，其中成员包括整车运输企业、第三方物流服务提供商、科技公司、知名零售商、金融服务提供商等。

当然，并非所有该联盟的成员都是传统行业的巨头，也有一些针对性很强的区块链创业公司。例如，基于区块链技术创业的ShipChain也参加了该联盟。ShipChain创建出一个分散而完全集成的管理平台，便于客户对运输过程中每个阶段的详细情况进行了解。实际上，在该联盟中，传统公司与创业公司全力进行合作，以便更好地利用区块链推动行业创新，改变运输和交通领域的现状。

BiTA如火如荼的成长显示出通过技术创新，打造全面智慧化的交通物流体系趋势。区块链技术能够通过多方共同合作，建立可靠的数据库，从而提升信息传递的可靠性、全链条协同的高效性，也能为物流行业构建更好的可追溯、可识别系统，确保安全交易，有效沟通并降低成本。

例如，在BiTA出现之前，买方和托运人总是需要雇佣昂贵的中介货运经纪人，对运输流程加以管理并验证。这些经纪人不仅会增加交通运输的成本，还会因为其必然存在的出错率导致影响物流效率和出现交通问题。区块链技术一旦普及，过去的经纪人角色将不复存在，而是变成对区块链技术使用加以指导的技术顾问。

实际上，区块链技术对交通领域的改变，绝非传统交通和智能交通所采取的方法与模式那样直接。通过改变所有相关行业的每个环节，区块链技术最终将全面颠覆整个大交通领域，让全球人类享受从未有过的便利。

# 第三章

## 更便捷安全：

### 区块链交通这样改变生活

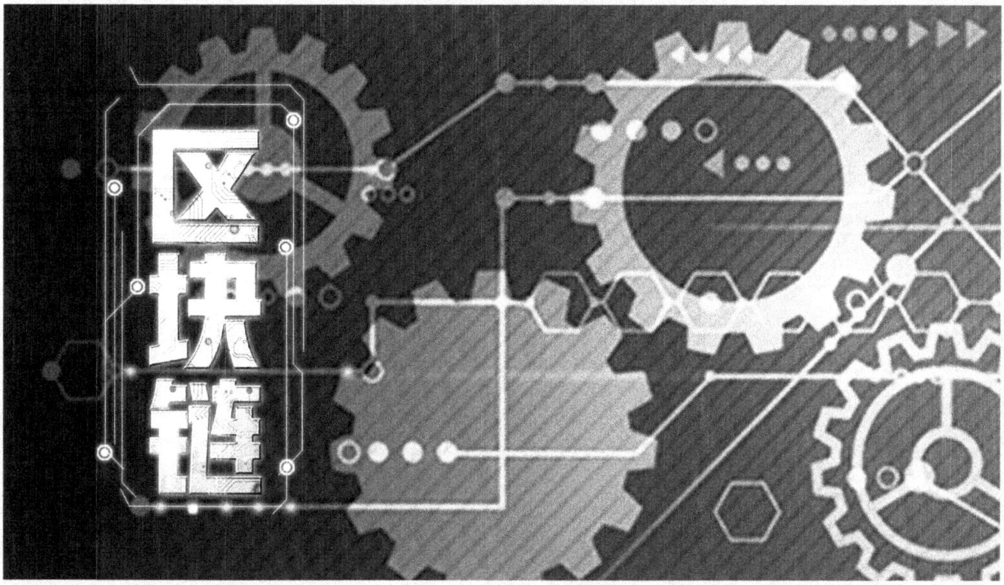

区块链交通关乎国家与社会的发展，同样也关系到每个人生活水准的提高。通过利用区块链技术，交通领域的政府部门、企业与相关机构，能够为出行者打造新的产品与服务，提供足以改变其日常体验的创意愿景与现实成果。

# 3.1 智能交通下的个人出行生活

**智能交通系统与区块链技术对接后，其基本功能表现在对出行问题的减少、对交通安全的保障、对交通拥挤的缓解和对交通污染的减少上。**这些功能合而为一，终极目标是建立实时、准确、高效的运输管理系统。在这个目标的指引下，每个人都将逐步体会到出行状态将如何被智能交通加以根本改变。

## 3.1.1 获取个人出行信息

个人出行者可以通过智能信息系统获取及时的信息服务。在出行之前，个人可以通过家庭或办公室的计算机终端或咨询电话、广播系统，向系统了解当前的交通与道路状况等信息，从而选择出行方式、时间与路线。

在出行途中，可以利用车载信息单元、路边动态信息显示板，随时了解道路条件、交通状况、车辆运行情况、交通服务等实时信息。此外，还可以通过路径诱导系统，对车辆进行实时定位与导航，确保汽车始终获取准确信息，行驶在最佳路线上，从而保持最佳的出行方式和路线到达目的地。

以驾驶汽车为例，在传统交通时代，个人出行总是容易碰到预想之外的交通堵塞等情况。尽管驾驶者能够通过收音机了解一些路况信息，但这些依旧无法跟上实际交通状况的变化，难以满足需求。

在智能交通体系中，以区块链为支持的监管数据分享系统，能够彻底解决驾驶者的相关困扰。这个体系将道路、车辆和驾驶员通过广泛分布的节点连接起来，并随时分享重要数据。无论哪里发生了交通事故、哪里交通流量大，抑或哪里通行速度最快、哪条路最为畅通，智能交通系统都会以最快的速度将数据提供给驾驶者。这样，个人出行所获得的信息保障大为加强。

### 3.1.2 享受智能交管服务

交通管理既是相关政府部门履行的公共管理职责，同时对每个出行者而言又是重要的公共服务内容。交通管理水准如何，很大程度影响着出行体验。因此，交通管理系统与个人出行息息相关，是智能交通系统中基本的应用领域。

先进的智能交管服务，利用先进的计算机通信、自动控制和视频监控与检测等技术，按照系统工程原理加以系统集成，使交通工程规划、信号控制、交通检测、电视监控、事故救援以及信息系统有机结合起来。在区块链技术接入网络系统之后，能够实现对交通的实时控制与指挥管理，从而保证出行者的安全与效率，优化每个人的出行体验。

例如，在传统交通管理模式中，上下班高峰期间与夜晚出行时，交通信号灯依然按照固定节奏变换颜色，从而导致高峰时车流量极大，而夜晚车流量较少时，通行也不顺畅，这成为城市道路信号灯管控实践中普遍存在的弊病。因此，越来越多的出行者期盼交通信号灯工作系统能够变得更加科学，可以按照实际需求对红绿灯时长加以调整，从而提高通行效率。

在智能交通系统中，“聪明”的智能信号灯系统成为现实。2017 年 6 月，安徽省合肥市高新区黄山路与香樟大道交叉口的红绿灯管控系统完成了智能化改造，不再以固定频率变化。这套管控系统通过对车流量的观察，以视频的方式连续跟踪检测数据，实现自动调节红绿灯时间的长短，当道路车流量增大时，信号灯不会在固定的时间变红，而是自动延迟几秒。这种信号灯通过智能化控制，让道路交叉口尽可能处于畅通的状态。

**随着区块链技术进入智能交通领域，人们有理由相信，未来的出行者将会获得更佳的交管服务体验，从而提升每个人的出行效率。**

### 3.1.3 提升出行消费质量

众所周知，出行不仅是个人日常生活中不可或缺的行为，还是整个社会消费环节的重要内容。由于区块链技术具有颠覆创新的能力，将这个技术应用在商业模式的构建上，能够建立全新的社会诚信体系、高效的商业协作关系，带来交通消费领域的变革，以提升出行消费质量为突破口，促进经济社会和谐发展。其中，利用区块链技术之上的数字货币、智能合约，可以更为完美地革新电商服务方式，围绕出行，提供高质量的社会服务。

目前，主要的电商平台面向出行市场的抽成比例在 5% 以上，甚至有高达 30% 的。但区块链技术打造的新商业平台正在蓬勃成长，以“美店区块链”等创业项目为例，新平台通过区块链技术，迅速构建全渠道电商服务，以出新订单处理为核心，寻找最为匹配的消费者，大幅度降低抽成比例，1% 以内的平台费用将成为常态。这意味着，个人通过电商平台在出行方面消费，将会获得更多价格上的实惠。

### 3.1.4 方便智能出行支付

基于区块链进行安全的 P2P 交易，能够弱化中间机构如银行、车辆共享服务平台的作用。区块链用于支付的安全特性，能够让车主自主根据需要适应不同的出行支付场景，获得便捷的消费体验。

在未来，区块链技术可以让行程费用能够从出行者的区块链电子钱包中扣除。通过区块链技术，也可以使出行服务平台与银行连接，无须验证每次消费，而是凭借区块链的验证特性，从用户信用卡中直接支付。

区块链技术中的入口、身份代币等功能，可以让出行者简便而安全地拼车、支付通行费，并随时随地得到汽车充电和停车服务。

此外，出行用户还能够基于区块链完成支付前的身份认证，包括个人信息、年龄、保险、支付能力的认证。根据出行需要，这一技术还对乘客行程信息加以匿名保护，提供安全的支付方式和智能的合同管理。

2018 年，瑞士联合银行已经和汽车科技公司 ZF、德国能源公司 innogy SE 合作，基于区块链技术开发出电子支付账户 eWallets。该项技术能够帮助出行者快速、安全地支付充电、停车和高速通行费，或者收取乘客的拼车费。利用 eWallets，用户可以通过电脑或者手机 App，在电动汽车之间相互转账，并由该软件授予一定数额的支付权限。例如，eWallets 可以自动支付通行费，随后通知司机完成交易，此外，该软件的另一个功能是集成出行场景中的第三方支付交易和授权交易，从而支持闲置车辆进入更广泛的消费与商业行为。

innogy 公司的人透露，他们还基于区块链系统，结合可再生能源技术，做到在任何地点都能及时对汽车充电过程加以遥控，由电源系统根据所在充电系统的特点，利用区块链技术对充电过程加以管理。如果车主同意，汽车还可以将车身所携带的多余电能重新回供到电力系统中。

## 3.2 购车和租车：个性而又适宜的完美体验

当区块链技术带来的历史机遇摆在面前，交通从业主体应该为用户做什么？面对这个问题展开思考的，并非只有交通规划管理部门，还有与交通息息相关的汽车生产、销售与出租企业。它们正在从不同方向把区块链应用于汽车产品与服务的布局中，力求为消费者带去崭新的完美体验。

### 3.2.1 区块链与汽车产业

对汽车的个体消费者来说，车辆的特性数据是选择购买车辆的重要理由。同样，如何拥有车辆的数据，如何使用这些数据，也是摆在经营汽车生产、销售、维修、租赁等企业面前最为急迫的课题。

目前，区块链技术正与汽车产业在下列数据方面碰撞出火花：车辆性能、驾驶行为、车辆产生的各类费用如过路过桥费、停车费、养护费、保险费等。过去，这些数据始终是消费者选择购车与租车的重要依据，也是汽车产业着力打造的产品吸引点，现在，这些数据的管理与利用将不是问题，区块链完全可以通过构建汽车的数据市场，为相关生产和服务产业发挥应有的效力。

从 2017 年开始，多种类型的汽车产业区块链案例在全球陆续出现，包括车内硬件与软件产品的安全认证、汽车服务的小额支付、汽车跟踪移动服务、汽车供应链锁定、汽车车辆本身安全的保护等。

由于区块链是开放式的分布式账本，能够采取可验证和永久的方式，对双方之间的交易进行记录，无论是应用与购车交易、租车交易、数据服务，还是其他与汽车消费有关的功能，都可以在对等网络中广泛采用。此外，区块链包含了从汽车消费需求产生到开发、测试，再到后期制作的代码开发的不可变信息，能够为产业链中的相关各方提供透明度和信任度，可以充分提高团队协作水平，为消费者带去更完美的产品。

例如，如果采用私有区块链，区块链能对邀请者加以控制，并在一定范围内实现高效的数据共享和使用。利用这种技术，汽车制造商可以专门邀请零售商、维修商等合作伙伴，建立面向消费者开放的私有区块链联盟，更好地为出行者服务。事实上，已经有汽车制造商开始创建这种仅限邀请加入的区块链，通过相应的技术，让保险公司、投资方、供应商、服务提供商、汽车经销商、汽车金融公司等实体更好地合作，共同打造车辆数据，并将其储存在区块链中，便于购买者查询。

又如，现代汽车的自动驾驶等功能，实际上来自车载电脑运行的数百万行代码运行的作用。因此，软件功能的安全性也体现着汽车产业的水准，影响着消费者的购买或租赁决策。目前，支持区块链的车辆已经从 IBM 公司提供的解决方案中获益，汽车制造商在将车辆推向市场之前，就能充分了解汽车操作系统中每行代码的来源与安全性。此外，汽车经销商、服务提供商也可以充分利用这些信息，以便在为消费者服务的过程中更容易找到问题的来源。

最后，区块链还可以帮助产业链中的每个成员准确了解上下游在做什么。**通过区块链技术，从生产商到消费者，能够跟踪整个产业链中产品与零部件的出处、进展与结果。**

可以说，生产和销售汽车的产业，将不再是原先呈现的模样，而是分解所有进入产业的组件再呈现，将其历史供消费者识别。这一点不仅利于购买者与使用者，还利于从业者通过区块链中的“块”技术，让零部件呈现可追溯性，一旦零部件产生缺陷，制造企业就可以在出售给消费者之前识别，究竟是哪个环节出现了错误而导致缺陷。在这个模式下，可以大大降低产品召回的可能，避免消费者的不良体验。

### 3.2.2 区块链与汽车服务

汽车的消费升级需求，意味着汽车消费者在出行时不仅希望得到传统意义上的汽车服务，还希望通过智能技术，获得来自汽车行驶环境中的相关数据，包括来自其他车辆和设备的数据。出行者希望看见其他汽车发出的交通拥堵信息、附近充电站或加油站的价格、天气预报指数等。虽然这些信息在传统智能交通网络中也能获得，但区块链技术应用能帮助出行者在统一平台上实时获得数据的共享。

2017 年，惠普公司提出“区块链即服务”概念。在 2018 年纽约区块链技术及加密货币共识会议上，惠普公司与Steam公司共同展示了区块链智能汽车平台。在展示中，用户通过3D奥迪底盘，可以看到数据的流动和变化，其中包括从本车的通行总线中获得本车的实时数据，包括燃油消耗量、位置、加速度以及传动装置数据等，这些数据能够被用户随时在车内的电脑上观察和了解，同时直接发送到Steam平台。在平台上，其他用户可以通过区块链代币，对实时数据进行交易。这样，不同的用户能够在平台上获取所需车辆的数据，当然，用户必须为此付费。

试想一下，当你未来行驶在高速公路上，希望了解前方50千米之外的路段情况，你只需要向车载电脑发出指令并支付极少费用，就能从那里的其他车辆传来共享数据。这样的汽车服务，无疑充满了令人惊喜的良好体验。

正因如此，包括通用、宝马、雷诺和福特在内的四大汽车巨头，在2018年与博世、采埃孚、埃森哲、IBM等公司联手，在迪拜成立了移动开放区块链联盟（MOBI）。MOBI组建伊始，就提出联盟的主要目的，是探索区块链技术在汽车服务领域的具体应用。

广大汽车使用者将欣喜地看到，围绕汽车服务利用区块链技术的竞争才刚刚开始，而未来每个人都会享受到竞争催生出的成果。

### 3.2.3 区块链与汽车使用

无论购车还是租车，汽车的使用都将越来越走向智能化、自动化。**先进的车辆控制系统包括规避事故系统和监测调控系统等**。前者主要包括道路障碍自动识别、自动转向、自动制动、自动保持安全车距、车速和巡航控制功能、自动报警等功能；后者主要有安装在车身各部位的传感器、盲点监测器、微波雷达、激光雷达、摄像机等设施，并由核心计算机控制。

在驾驶汽车的过程中，监测调控系统随时搜集车体周围一切的必要信息，以声音、视频或图像形式及时向驾驶员提供。同时，规避事故系统能够结合这些信息，自动采取措施，有效防止发生事故。在此过程中，车载计算机存储大量与驾驶员个人、车辆各部分相关的信息参数，当监测到这些参数的表现与正常情况发生偏离、达到某个安全极限之后，就会向驾驶员发出警报，并提供决策建议。

除了对上述两大智能系统提供技术支持之外，区块链还能作用于汽车使用过程中安全性能的强化。目前，丰田研究院和福特相关部门正致力于研究这些内容。丰田研究院表示，汽车使用者可以通过区块链网络，与汽车生产企业共享驾驶或自动驾驶车辆的测试数据、对乘车人频次、汽车共享交易加以管理，并存储车辆的所有实用信息。如果有多人分别在不同时间段使用同一辆车，就能够通过数据链对身份的信任和对数据的可追溯性打造前所未有的共用关系，该车辆系统中的所有参与者都能够以透明的方式匿名查看其他人对车辆采取的活动。以租车为例，在这种模式中，由于区块链技术能够自动追踪车辆使用情况，并对使用成本公平分配，那些使用车辆更多的人，自然会承担更多的支付份额。

又如，在购车、租车的挑选过程中，消费者可以利用区块链技术，详细了解汽车中的所有特性数据。由于区块链具有不可修正的时间链条特性，可以将车辆数据从车联网关储存到基于云的节点，其中包括汽车的标识、保修、里程表读数、维修信息等，也有驾驶行为、事故历史、移动优惠券和应用程序的使用记录等。掌握这些信息，能够为消费行为提供更为强大的参考支撑。

采用开放的区块链，汽车作为交通工具会变得更加高效。用户可以知道车辆详细的过去和当下状况，也能了解围绕汽车所发生的一切经济行为。这将极大满足未来的驾驶乘坐需求，带来新的汽车消费热点。

## 3.3 日常出行：交通拥堵不复存在

毫不夸张地说，交通拥堵正在让世界各地的城市“窒息”。交通拥堵对健康和经济所产生的危害，严重影响了社会发展和个人健康。交通拥堵会导致工作效率降低、公共投入巨大，而汽车排放废气的不断增长，也会使出行者的呼吸系统受到致命伤害，从而导致寿命减短。

**在智能交通系统中，利用区块链的特性，打造先进的公交系统、车辆控制系统、交管系统，能够让人们原本熟悉的交通拥堵现象不复存在。**这不仅是停留在纸面的理论研究，还是切实在人们身旁推进的交通项目。

### 3.3.1 智能公交系统

智能公共交通系统，是指利用高新技术包括电子、信息、通信、计算机、GPS、GIS 等手段，加强原有公交系统中的人、交通设施与交通工具之间的有机联系，从而做到高效地利用公交系统的现有资源，降低运输成本，提高运输效率。

2017 年，作为全国大数据与区块链产业的中心城市之一，贵阳市通过建立智能公交系统，极大地改善了原有的交通拥堵情况。在贵阳，BRT（Bus Rapid Transit，快速公交系统）、地铁等智能项目相继建成运营。通过 BRT 该城市交管部门能够对当前客流量变化与历史数据进行综合分析，从而及时、合理地调度排班车辆。在区块链技术的作用下，车辆位置、到站时间等信息数据能够以数据分享形式快速、准确地显示在车站内的电子屏上，方便出行的市民查看。

在智能调度管理系统中，整个贵阳市按照网格进行划分，可以直观体现出不同区域的公交工具数量，当某个区域的公交车辆过多时，系统就会及时提醒管理部门和出行市民，合理调控与避让。此外，通过区块链搭建的数据系统，车内摄像头能够根据公交车承载乘客的拥挤程度，把信息推送给市民，便于他们挑选乘客较少的车次出行。

通过建立类似贵阳的智能公交系统，并进一步运用区块链技术，能够有效降低交通的拥堵状况，改善城市的出行状况。

### 3.3.2 无人驾驶系统

成熟、稳定、安全的无人驾驶系统，对缓解乃至最终解决日常交通拥堵情况能够提供极大的支持价值。在区块链智能交通的运作下，无人驾驶系统获得了前所未有的蓬勃发展良机。

从无人驾驶的发展历史来看，这个技术早已被付诸现实，但其之所以迟迟尚未出现大规模应用，主要阻碍来自无人驾驶技术运用的生态系统方面，而区块链恰好能够弥补其中不足。

无人驾驶的大规模应用离不开数据的存储和交换，相比而言，区块链技术则是创造良好数据环境的重要方式。目前，无人驾驶的最大障碍是汽车与周围的环境联系并不紧密，即便汽车通过传感器能够每秒获得数百万个数据点，但这些数据点之间是相互割裂的，尤其在传统的物联网下，通信协议的关系会将无人驾驶对数据的分享过程变得非常复杂。

使用了区块链和物联网结合的设备之后，区块链能够让网络中的每个节点同时并准确地对所有数据进行访问。在无人驾驶应用中，整个交通系统中的每辆汽车、每个数据点所保有的传感器，不仅能够单独收集相关数据，还能以相互认可通证的形式，就关键数据进行交流，从而提高无人驾驶车辆的性能。这些关键数据的共享，包括道路情况、交通事故和道路上其他车辆的信息等，都会对车辆的自动驾驶能力造成不同程度的影响，同时也改变整体交通运行状况。

### 3.3.3 出行意识与习惯

在建立智能交通的过程中，一个重要的因素时常被研究者忽视：市民群体的出行习惯与意识。

毋庸置疑，先进的技术、强大的系统、海量的数据、实时的监控，都是提升日常交通体验的重要支持因素，但每个市民良好的出行意识与习惯，是与这些“硬件”同样不可或缺的“软件”。

目前，我国出行人群的交通安全意识与行为习惯，虽然比以前有很大的提高和改善，但总体而言，与适应现代化智能交通尚有较大距离。诸如机动车驾驶者的驾驶行为存在偏差，非机动车驾驶者、行人交通安全意识的淡漠等问题，时常会导致交通堵塞现象，甚至引发严重的交通事故。因此，交通管理部门想要保障良好的交通秩序，带给每个出行者优良的出行体验，不仅要依靠智能交通系统带来的技术保障，还应通过区块链网络，构建新型的激励与评价制度，促使全体市民提高安全意识，改变交通行为习惯，营造“人人为我、我为人人”的交通氛围。

以探究城市居民短途出行交通拥堵问题的根源为例，许多城市交通之所以频繁陷入拥堵怪圈中，是因为过多的人选择私家车出行方式，没有改变传统的交通行为意识与习惯。

在日常生活中，市民可以选择下列3种出行方式：私家车出行；单车或电动车骑行；步行或公交相结合。但现实中，无论城市大小，拥有汽车的人大多会选择开车出行；即便没车，也往往会选择打车或共享汽车。相比之下，愿意选择单车骑行或步行的人少之又少。这种群体性选择倾向，导致在每天高峰时间段，汽车拥堵现象无法解决、尾气排放造成的空气污染严重、社会整体运行效率下降、出行者的幸福感降低。究其原因，在于出行者看不到骑行、步行的价值，不认同共享拼车的安全性，并寄希望于私家车出行的快捷。

利用区块链与人工智能结合的技术特性，能够以现实利益作为吸引，从思想上打消人们的担忧。区块链的分布式信息存储与不可篡改技术、全程监控数据并及时自动上传的功能、智能合约的自动商业化运作模式，可以对居民个人给予出行方式差异化的奖励，并将之融入居民信用评分标准体系中。

例如，可以利用区块链网络，将交管部门系统与个人征信系统、评分系统、环保贡献系统加以联系，自动采集、分析、监测和上传、共享数据，从而把每个人的出行习惯与其社会评价、生活福利相结合。这样就能使每个人的出行态度被科学量化，进而影响其在社会、职场、金融等方面的竞争力。通过这个机制的良性循环，政府与社会舆论将提倡更环保、更健康、更高效的出行方式，从思想与行为上改变出行者对交通工具的选择倾向。

## 3.4 打车 App：让打车成为一种享受

当下，越来越多的互联网搭车用户开始抱怨“打车难”“打车贵”，并引发了新一轮对互联网打车软件的热议。实际上，除了打车 App 普遍存在的运营管理问题外，打车软件最大的问题，在其自身颠覆了旧有出租车的管理中心之后，却成为新的中心化平台。想要突破客观与环境的制约，让打车成为一种享受，打车 App 亟须引入区块链技术。

### 3.4.1 打车软件的现有弊端

从表面上看，互联网打车改变了传统打车方式，颠覆了人们固有的“路边拦车”体验，利用移动互联网的特性，将线上与线下服务相融合，打造了乘客、司机的 O2O 利益闭环。这样的闭环看似完美而平等，但实际上，打车软件扮演着中心角色。从服务器到软件，所有基础设施都是平台所有，司机和乘客是通过平台连接的，人与人之间的联系也离不开平台。打车软件背后的公司拥有了控制权，能够制定运营与服务协议，在某种程度上导致出现“双输”局面：当运营与服务内容一旦有所偏差，即便是再小的概率，也会通过舆论发酵与法律追究，牵连到打车软件。而提供服务者的司机和享受服务的乘客，也会因为费用与提成而产生新的不满。

基于存在这样的弊端，打车软件注定在已有技术系统下，无法为出租与共享交通领域带来更为令人欣喜的成功创新。

### 3.4.2 区块链改造打车软件

由于区块链采用了加密密钥的分布式账本，链上的数据不只是储存在中心服务器，还分布在不同节点设备的各个区块上。从技术上而言，整条区块链上拥有绝对控制权的中心不复存在，提供服务的一方、消费的一方，能够在区块链网络上直接联系，而支付环节也同样可以建立在其中。

正因如此，新的打车软件运行原理已经浮现在人们眼前：不用依赖任何中心化的组织，每个司机都能够将服务相关的数据信息，包括服务开始的地点、评价等，添加到带有个人法定身份信息的特定文件夹上，然后记录在区块链上。一旦记录，任何人都无法对此加以更改。当有人需要打车时，区块链就可以从海量信息中筛选出匹配度最高的司机，之后，司机与乘客之间的交易也能够在区块链上完成。

与现有的打车软件相比，基于区块链的打车平台，主要能够解决以下问题。

**价格控制：通过区块链技术，网络打车的价格算法是完全公开透明的，而不再由中心化的机构决定。同时，正因其透明性，人们也无从怀疑中心机构操纵了价格。**

**市场垄断：新的打车软件将能容纳多方的服务商加入这个网络，提供更多的资源与算力，从而形成覆盖全社会的区块链联盟。**这样，网络打车市场不会再呈现“大鱼吃小鱼”的一家独大局面，而是凭借区块链建立良性共存与竞争关系。

**数据失信：区块链具有天然的分布式数据库特征，能够让数据在打车平台、监管部门、司机、乘客等多方之间有效共享，充分打破对数据的垄断，发挥应有价值。**

### 3.4.3 当滴滴遇到区块链

面对蓬勃兴起的区块链技术，互联网打车 App 并没有墨守成规。虽然没有大加宣扬，但滴滴依然开始寻求利用区块链技术开发的可能。

2018 年 5 月，BOSS 直聘网站上悄然上线一则招聘广告：滴滴招聘区块链相关岗位人员。其中，要求具备 3 ~ 5 年经验的区块链研发工程师，岗位薪酬在每月 4 万 ~ 8 万元，主要负责研究、开发并实现区块链协议、运行机制、加密技术、共识算法和底层实现等工作，并搭建基于区块链的底层架构等。

内行人士很快从这则广告中看出端倪。工作内容中有“专注于底层架构研究方向”，说明滴滴并不只是想进行简单的区块链应用开发；而高达上百万元的年薪，也体现出滴滴对区块链人才的高度重视。实际上，从 2018 年以来，滴滴招聘区块链岗位人员的数量，在国内互联网巨头中仅次于阿里巴巴和腾讯，与百度基本持平。

既然滴滴已经着手引入区块链技术，为何并没有在业内宣扬？实际上，这恰恰说明利用区块链提升打车 App 的复杂程度。

理论上，区块链拥有自带时间戳的结构，能够通过追溯防止篡改，也易于分布式系统内部的数据同步。然而，如果要查询和验证与出行需求相关的信息，需要对区块链进行查询、操作。以 2018 年年初的数据为例，滴滴每天用户的使用量超过 2500 万次，如此巨大的基数，会产生与区块链目前低效率查询与处理能力之间的矛盾。另外，区块链技术应用在打车 App 发展上，会导致其承载越来越多的内容，如果将手机作为区块链的节点，想要在短期内大幅提高手机储存空间，也是难度相当大的挑战。

从目前形势来看，区块链对打车 App 的影响将必然发生，但其中还需要一定的过程。未来，区块链技术将主要在以下方向改变现有的打车 App。

### 1. 对自动驾驶进行优化

互联网打车 App 用户最大的痛点，在于某些地方可以打到车，而换一个地方则根本打不到车，运用区块链技术和自动驾驶技术之后，这样的痛点会被解决。例如，滴滴的自动驾驶汽车上路之后，区块链技术会记录行车数据，这些数据中包括区域天气状况信息、常见交通模式等。采用物联网技术的网络，其他车辆也能共享这些数据。通过自动驾驶的科学安排与规划，做到保证区域范围内的车辆数量。

### 2. 开发用户通证，用于打车软件内的价值流通

在打车软件平台内部，必然存在大量价值转移的空间。因此，互联网打车软件平台完全可以利用区块链技术，发行在其体系内流通的用户通证，并与现金挂钩，从而提高服务效率，优化客户体验。

### 3. 供应链金融领域应用

互联网打车软件可以将区块链技术运用在车辆行驶过程中，记录相关数据，从而获得更为贴合实际的车辆情况、使用历史。类似滴滴这样的租车服务平台，就可以通过较少的人力成本，获得高价值的市场信息，从而准确评判每辆车的价值变化。

#### 4. 尝试应用于共享单车

打车软件试图与共享单车结合，这一动向早已不是秘密。目前共享单车市场已经趋于饱和，打车软件完全能够在资本运作之下，利用区块链和物联网技术的结合，降低共享单车智能锁的成本，从而有效降低目前单车高昂的运营成本。同时，利用区块链技术的透明特征，还能对用户的乱停放行为加以监管，降低维护成本。

## 3.5 分享经济：交通资源共享共建

当分享经济遇到了区块链，就如同种子被春风唤醒，焕发出盎然生机。分享的概念，将在区块链带来的新环境下，被重新审视与发扬。由此，分享经济不仅能够打破传统商业意识的束缚，还可以消弭人们对其产生的种种误解。

这一切，将很可能从交通领域资源的共享共建开始。

### 3.5.1 共享单车新模式

说到分享经济，人们第一时间会想到 Airbnb、Uber 和摩拜单车等品牌。在移动互联网环境中，分享经济领域已经涌现多个百亿美元估值的公司。与传统模式相比，分享经济在交通领域创造了一个又一个奇迹。不过，从分享经济诞生到应用在交通领域，伴随其成长的并不完全是掌声和鲜花，也有质疑与问题。因为不少名为“分享”“共享”的商业模式，更像是“使用权转让”的经济形态，从监管合规方面到安全性方面，都存在相当大的争议与问题。

例如，绝大多数的共享单车项目，离不开一个公司作为中介方，用户必须通过公司提供的平台，才能拥有对同一产品使用权的连接。更有甚者，在摩拜这样的共享单车项目中，公司必须自己投放设备，向社会增加交通资源，而不是利用现有的资源进行共享。

以北京为例，2017 年 9 月，该城市共享单车达到高峰的 235 万辆，到 2018 年 4 月，由于各种原因，该数字下降到 190 万辆。即便如此，局部地区的共享单车测算活跃度也只有 50%，即仍然有一半单车处于闲置状态。毋庸置疑，共享自行车的过度投放，造成了无序竞争、乱停乱放的现象，尤其在地铁站、公交车站、交通枢纽、大型商圈等区域，共享单车大量堆积、占用道路等现象更为严重，造成了对宝贵交通资源无意义的消耗。

出现这样的问题，并非摩拜、ofo 等企业愿意看到的，也不是其依靠现有能力可以解决的。归根结底，从严格意义上来说，国内现有的共享单车企业，并没有开创并实践真正意义上的分享商业模式。

真正的分享经济，并不在于其自身定义或品牌宣传的内容，而在于其本质表现：**交通工具的所有权并不属于某家公司，也不属于某个人，而是属于全社会。这些交通工具不需要一个中心化平台投入成本进行购买和维护，也不需要企业雇佣人员进行市场运营和推广**。显然，在传统移动互联网技术下，这些几乎无法做到。只有通过区块链技术，才能集合全社会的交通资源，实现共享车辆的众筹与分享。这样不但能够降低企业的管理与运营成本，还可以提高社会交通资源的使用效率和寿命，企业与用户都能通过更少的花费，建立与获得更好的服务。

在真正引入区块链以后，交通分享经济将会呈现新的形态。那时，用户在共享单车平台上，既是服务提供方，又是消费方。人们自主决定提供自行车的数量、骑行时间，自愿帮助平台挪车、帮助宣传运营等，从而在区块链网络中获得更多代币，提升个人收入，带动平台活跃度。在这一商业形态下，共享单车运营企业只需要提供部分单车，甚至根本不需要参与单车的购买和管理，只是通过创建代币、建立平台，以信用和支付体系为用户服务。

在表面的差异之下，最大的不同还来自分享经济的变现模式。

今天的共享单车企业，收益主要来自对用户数据进行分析后提供广告的收益，当区块链介入之后，新的分享型交通企业，将通过发行代币获得价值增长的经济收益。当然，平台既需要为此建立信用体系，又需要控制代币的通货膨胀速度，包括设定代币数量的上限，或在一开始发行代币的时候，就通过温和膨胀的方式对代币数量的增加速度进行规划。无论如何，共享单车如果想要真正实现分享经济，就必须摒弃现有的商业模式，充分利用区块链技术，在这样的革新方向中，隐藏的不仅是巨大挑战，还有无尽的商业机会。

### 3.5.2 共享汽车新模式

以取还车次顺序来区分，目前的共享汽车主要有两种形式：A2A，即在 A 点取车，必须还回 A 点还车；另一种是常见的 A2B，即在 A 点取车后，可以随意在该企业平台允许的 B 点还车。

虽然 A2B 的形式利于个人的使用和归还，但造成了一定程度的社会资源浪费，除了占地资源、牌照资源外，如果采用新能源汽车作为共享工具，还需要占用充电资源与基础建设资源。同时，无论怎样布局，共享的特点决定大部分资源在多数时间是闲置的。以充电计费为例，在现有的共享租车模式中，由于车辆充电模式和电池效能所限，无法保证每度电力都被充分运用到共享中，实际上造成了惊人的浪费。

在区块链的分布式特点下，新的共享经济模式可以将现有的零散资源加以集中，避免上述问题。例如，采取通证的方式，能够让小区物业公司、企事业单位获得合法安全的信任认证，从而受到有效鼓励，将自身闲置的停车位、充电桩共享出来。从长远来看，甚至还能够让居民将家庭的停车资源、充电资源主动分享出来，帮助个人从共享经济中获益。

此外，区块链技术还能够对现有共享平台的中心化调度方式加以削弱，促使乘客和司机进行沟通，通过出行方式、出行轨迹的透明共享，以交流身份认证和代币交换方式完成消费。在此过程中，新的分享方式能够被开发出来。

例如，汽车车主只需要将汽车钥匙的数字芯片与个人区块链信息进行捆绑，拥有区块链数字钥匙之后，就能和任何对该车有需求的用户建立分享交易。当交易开始之后，车主可以将数字钥匙经过区块链网络发送给用户，当分享服务完成之后，数字钥匙将按照事先合约“发送”给车主。客户的分享租赁行为经过区块链信息平台的实时支持，获得了充分的简化，从而实现真正意义上的分享经济。

### 3.5.3 共享单车区块链案例

提到分享经济与智能化交通，共享单车是绕不开的话题。区块链作为热门的科技概念，同样有机会植入共享单车的应用场景。从共享单车平台模式到通过代币引导用户行为，对任何一家共享单车企业都意味着新的机会与挑战，对共享单车使用者来说，则是值得期盼的愿景。

当国内共享单车企业与区块链之间的故事尚在传闻之中，国外的共享单车公司已经高调宣布进军区块链。

2017 年年底，新加坡共享单车品牌 oBike 发表声明，宣布与区块链平台“波场”合作，于 2018 年第一季度开始推出该品牌自有的加密货币 oCoins。数月之后，这家共享单车企业兑现了承诺，向私募机构开放该货币。

管理 oCoins 发行的，是一家名为 ODYSSEY 的非营利基金会，建立该基金会的目的是在其原有区块链网络发行代币，将其基本账户单位作为可被普遍接受的支付模式，从而无须中央机构或第三方认证。oCoins在技术上基于以太坊协议，目前只接受ETH（一种网络协议）的加密货币令牌。

根据oBike的官方公告，oCoins在发行之后，将成为该品牌共享单车用户的奖励与积分系统工具，所有使用这一品牌的用户，都可以通过该货币支付骑行费用，也可以通过使用共享单车获得该加密货币。oBike的用户每小时需要花费2个新加坡元租用自行车，与传统共享单车企业对用户采取的奖励方式不同，他们看到的将不再是类似积分之类的象征性收入，而是oCoins根据其消费行为实时升值，这意味着他们使用单车的时间越多，获得的奖励代币就越多。

另外，oCoins还能用来在互联网上购买在线内容，如音频内容社区陪我、直播平台Uplive等。此外，它还能用来为用户的钱包充值、购买TRON平台上的应用程序等。

鉴于oBike已经是东南亚较大的单车共享运营企业，发行oCoins则是他们与ODYSSEY协议的首次合作，人们可以得出明确的结论：oBike的野心不仅在利用代币对共享单车进行创新，还可能希望通过区块链技术建立包括交通在内的共享平台，未来将很有可能包括对汽车、房屋的共享等。

## 案例：城市堵车的解决方案

过去的20年，为了缓解城市堵车现象，世界各国都付出了大量的人力、财力和物力，但情况并没有得到明显改善。现在，围绕区块链技术，各种新的方案正在陆续形成。

2016年10月，澳大利亚空间信息合作研究中心下属的博士生团队，根据市场现实情况研究出尝试性的系统，希望通过区块链技术对城市堵车问题加以解决。该团队提出，司机可以根据其出行的缓急程度，提前在某条城市公共道路上预订出空间。当然，这样的预订需要以代币方式支付，其中，受欢迎的道路段必然比不受欢迎的道路段更加昂贵。

方案考虑到出行规划很可能会用到多条道路，因此，系统会根据实际情况，将不同道路的价格分配到智能合约中。一旦司机根据预订规划完成行程，合约条件即被满足，区块链会自动执行合约，代币从司机的钱包转移到道路所有者手中。

与这一方案相比，以色列的创业公司La'Zooz则开发出区块链式的拼车应用，成为真正具有实践意义和作用的方案。这家公司的具体做法是，通过改革管理模式，打造新模式运行的共享社区，让用户能够以现有价格的1/10享受顺风车服务，并能在不通过第三方机构认证的情况下，让提供拼车服务的司机获得代币奖励。

为了缓解拥堵，La'Zooz将解决问题的关键放在拼车服务上，他们希望能够引导用户行为，从而增加共用一车出行的人数，避免分散到不同车辆。为此，La'Zooz注重社区贡献，包括社区如何用复杂协议完成奖励分配，如何决定每个成员的贡献程度，如何形成并履行分配机制等。

在这样的目标下，La'Zooz发布了安卓版手机应用，其目的在于利用共享租车完成“挖矿”。任何人只要下载了这款手机应用，都可以使用它为人们服务，只要使用超过20千米，就能够获得Zooz代币的奖励。考虑到并不是所有人都想成为司机，推荐新用户、分享活动数据等行为，也能够获得代币奖励。利用这样的代币发放机制，La'Zooz希望能够将早期用户聚集起来并完成合作，然后用代币激励他们完成新的任务，最终实现对交通现状的改变。

按照La'Zooz的想法，这一代币激励系统最终能够进入其他出行方式，如飞机、铁路或者船运中。这样，大量空闲的位置与空间都能够变成可以利用和交换的财富。新的交通网络，能够安全、便捷而廉价地把每个人或任何货物带到要去的地方。

除了以技术运用直接解决交通堵塞问题之外，区块链还可以通过与人工智能、大数据结合，创造新的交通场景。

在未来交通发展中，人工智能和大数据将是非常重要的因素，其中包括算例、算法和数据采集利用等几大要素。利用区块链的社区运营和数据追溯等特点，可以帮助从交通管理部门到行业巨头、再到广大创业中小公司乃至个人，都更好地运用人工智能与大数据，共同创造更加健康和精确的出行模式。

在贵阳，2016 年建立了全国一流的交通运行监测调度中心，利用“块数据”技术构建的交通大数据仿真平台，精准而全面地体现了城市交通总体资源分布与动态运行，形成融合多方面的领导决策与指挥机制。通过该中心的运作，能够运用大数据提升公共交通服务效率，降低私家车出行比例，提高分时租赁和共享的效果。

采用人工智能、大数据与区块链技术之后，贵阳从全国堵城排行榜第五名，到正式退出全国拥堵排行榜榜单并成为拥堵缓解全国第一名，只花费了短短一年的时间。事实证明，城市堵车问题并不会永远持续下去，相信在不久之后，堵车将成为人们记忆中的历史名词。

# 第四章
# 更高效放心：
## 区块链交通这样改变运输

物流运输，是交通体系中重要的组成部分，也是社会经济运行必不可少的关键环节，既牵涉千家万户的福祉，也直接影响一个国家、一个城市的发展与强大。当区块链进入该领域，运输行业会有更高效、更放心的明天。

# 4.1 物流区块链：降低成本，快捷交付，不爆仓

在区块链要进入的交通行业名单中，物流是不可或缺的成员。伴随区块链的日渐成熟，这个新技术将迅速在物流运输领域落地，实现传统技术与现代高科技的完美结合。

## 4.1.1 物流业现状

2018年，唯链与普华永道联合发布《2018中国区块链（非金融）应用市场调查报告》。报告认为：在区块链技术的创新应用方面，国内受访者认为“物流”是天然和领先的行业，有可能创造直接价值。有不少人认为，物流行业是区块链技术真正落地的重要领域。

物流是物质、服务与信息流管理的综合规划框架。商品物流行业，通常涉及信息流、交通运输、仓储和安全性等方面的资源整合。因此，物流链通常会跨越大量环节、多个地理位置，这也导致整个链条越来越难以进行常规管理。

近年来，电子商务迅猛发展，整个物流行业的增长速度与港口规模的增长、企业服务的扩展、大型运输交通工具的增多相互匹配，形成基础设施与应用平台之间的竞争。对于物流业内不同类型的企业而言，新的增长热点在数字技术的运用上，即如何确保技术运用能跟上现实情况的变化。

从当下物流行业来看，由于货物需求的信息交流不及时，物流公司车辆经常保持高达四成到五成的空载率，尤其是返程的空载现象更为突出。同时，仓库设备的空置率也高达50%以上。这些数字暴露出物流行业的普遍短板，导致市场上有货无车、有车无货的情况常有发生，严重

影响了物流行业的整体进步。

由于物流企业普遍规模不大、分布不均匀并且不平衡，导致企业运营成本居高不下。行业统计的数据显示，我国目前 90% 的货运公司，自身保有的货车不超过 10 辆，其中半数的个体货运商只有一辆货车。结果是行业整体的物流成本难以下降，导致我国每件商业产品三成的成本花费在物流方面，比国际平均商业物流成本高出了 3 倍之多。

物流业除了上述问题需要区块链着手解决外，也具有适宜区块链发展的自身优势。由于物流行业具有相对封闭的本地特性，行业流程中的不同节点相对好控制，加上物联网的蓬勃发展，让整个行业更容易成为运用区块链技术的土壤。

最主要的是，物流业作为较成熟的经济生态系统，存在由多个参与方组成的利益共同体，其运行过程的关键问题是产品所有权的转移。这个问题很容易让人们联想到区块链技术的特性，其中很多与资产所有权转移过程中的数据问题、信任问题紧密相关。

由此可见，物流行业存在必须加以改变的问题，同时，其涉及的多重融合的业务场景，非常适合区块链技术发挥作用。

### 4.1.2 区块链物流案例

**在区块链网络上，信息一旦被储存，就很难被更改或删除**。任何人对记录的更改，都会影响网络中所有的后续信息块。如果有人想要删除一笔交易或复制一笔交易，抑或创建并不存在的交易，其他所有用户的节点计算机，都会注意到账本上数据的不规范，并拒绝新的数据。这样的特性，毫无疑问能够实现商品状态、位置的唯一性。因此，在物流领域中不断涌现新的成功案例。

例如，当银行或政府监管部门批准物流过程中的出口许可证时，由于自始至终都采用完全相同的文档格式，因此无法在区块链中插入欺骗性的注释，即便有差异，进口国银行可以随时发现，并扣留付款直到解决问题。

又如，区块链可以在运输之前利用区块链数据库中存储的解决方案，主动对集装箱运输路线、日程加以计划和安排，从而提高运输效率。同时，还对集装箱发运之前的实际总重量、状态进行验证，把有关信息存储到公共账本即数据库中。随后，通过监控设备，让交易中的各个参与方能够随时访问互联网，从而了解集装箱从发货地到目的地的连续状态。这样，收货人不仅能够对货品的物流信息全程跟踪，还能随时对运输日程加以优化，从而避免通过谎报货物、关税、税收欺骗付款和收款系统。

另外，区块链技术能够解决物流企业融资难的问题，这一点对于我国物流企业具有更现实的意义。由于物流行业快速成长，成员企业通常规模较小，信用等级较低，相对难以采取传统方式获得金融贷款，以致影响了高效运转。在不远的未来，利用区块链技术，将供应链上的产品形成不可更改和伪造的特征，使企业所拥有的资产具有可追溯性，从而固定产品的唯一所有权，实现产品资产化。这样，金融机构就能确保进入物流行业的资金有效、迅速而可监管地发挥作用。

总体来看，区块链在物流领域能够打造出充分符合技术特点的多种业务场景类型，包括以下几种。

**高价值市场**。例如，将高价值货品进行数字化管理，并在区块链上加以记录，维护发运方的资产所有权，并帮助运输方进行管理。

**资产交易场景**。对物流两端企业的资产交易加以数字化记录，以区块链技术维护物流交易过程。

**共享数据场景**。对行业中共享数据的参与方，以区块链账本的形式提供记录方法。

**合规审计场景**。区块链能够对物流企业内外的交易流程进行无法篡改并能够追溯的数据记录，这显然有利于合规审计工作，在技术上确保更加高效、便捷。

以下是这些场景具体的应用模型。

### 1. 保价服务

在物流行业中，企业可以邀请保险公司介入，对运输商品进行保价，抑或商家代理销售保险，而服务商提供保价等。所有的保价服务都由政府部门进行行业监管。

由于保价的实质是一份合约，因此通过区块链，可以将商品的物流详情包括账户、身份、理赔和其他参考数据记录在区块链上，形成智能保价合约。当客户正常签收包裹之后，就能够自动触发账户清算，合约正常结束。如果出现问题件、破损件、遗失件，就可以通过上传、检索证据，触发保险公司理赔流程。

### 2. 公益快递

在淘宝等电商平台上购物的消费者，对公益消费活动并不陌生，其实质是从每个商品包裹的费用中，由商家拿出一分钱捐赠给公益组织。在这样的消费场景中，由商家提供公益扶贫商品的销售、公益组织接收捐款、快递公司负责商品的运输。

在这个场景中，区块链可以记录商品从销售者卖出到消费者签收的所有详情。包裹一旦签收，就会自动记录到区块链上，随后按照智能合约触发捐款转账。引入区块链技术，能够利用该技术的优势，将整个流程彻底公开，降低了消费者对企业社会公益活动的不信任。

### 3. 黑名单共享

由于种种原因，物流快递行业必须设立从业人员黑名单制度，从而适应复杂的人力资源环境。目前，黑名单的运行主要以线下模式为主，内容的维护和传递并不规范。通过区块链技术，加入行业协会的企业可以将从业人员黑名单定时上传到区块链上，供所有同行查询。由于区块链数据无法修改，并具有时间追溯性，这样的从业黑名单，能确保每家公司完整了解不同人员的从业历史。

### 4. 快递安全监管

由于安全监管需要，政府部门对物流、快递公司经常提出具体要求。例如，记录发件者的身份证号或安装安检机等。采取区块链的分布式记账模式，可以让物流与快递公司在出现安全事件时，确保通过区块链查询到货品的来源与发货流程，使监管机构能够做到对产品实时监控、准确追溯和无法篡改。

### 5. 提升效率

在传统物流中，效率低、丢包、爆仓、错误领取、信息泄露、业务链条过长等问题，导致了行业整体效率的下降，区块链技术是对此加以解决的重要武器。

在快邮口岸科技为东莞保税仓储物流系统打造的 3.0 升级版本中，重新构建的客户端，依靠区块链技术解决了原有的大部分弊端，区块链技术能够记录货物从发出到接收过程中所有的环节。在区块链保障下的共识网络，可以直接找到中间环节的问题，并确保信息可追踪性，从而避免出现爆仓丢包、错误领取等问题。

在电商领域，区块链也同样可以提升效率。传统的快递交接需要双方面对面交接，而许多人碰到过无法当面交接，快递员发来短信告知送到货品的情景。在区块链物流技术下，快递交接必须双方的私钥签名，是否当面签收或支付完毕，只需要在链上查询签名是否完成即可，任何人无法做到代签，这样就能降低问题出现的可能性。

### 4.1.3 区块链物流应用案例

2016 年 10 月，澳大利亚联邦银行和富国银行，作为 R3 区块链联盟的成员，完成了区块链和智能合约技术支持下的第一次全球贸易交易。这是一笔从美国德州到中国青岛的棉花交易，价值 35000 美元。虽然规模不大，但是新技术对物流行业的最初革新。

不久之后，鹿特丹港作为欧洲最大的航运港口之一，也进行了类似的物流项目试验，并获得了荷兰一些科研组织和大学的支持。与此同时，丹麦航运巨头 Maersk 也开始试水区块链领域，他们与 IBM 共同合作，利用区块链技术创建的超级账本框架，做到每年跟踪数百万个集装箱运输，并能更好地与海关部门的监管工作结合在一起。

此外，许多电商企业也开始运用区块链满足对物流的管理需求。

美国零售公司沃尔玛，同样采用了 IBM 的 Fabric 区块链技术，进行分布式账本试点项目，对进口产品来源加以跟踪并了解其在美国的运输和仓储。而澳大利亚的 Blockfreight 是一家创业公司，利用以太坊区块链和可交易代币的智能合约，负责管理集装箱运输和相关活动，其技术能够保证平台对所有运输数据进行跟踪并防止欺诈。

在国内，阿里巴巴、京东等互联网巨头早已关注区块链技术的布局，并相继发布了将这个技术应用到物流领域的白皮书或报告。

2018 年，京东成立了国内首个物流与区块链技术应用联盟；腾讯和“中国物流与采购联合会”签署战略合作协议，联合发布了双方首个重要合作项目：区块供应链联盟及运单平台；阿里巴巴旗下的菜鸟与天猫国际共同宣布，将要启用区块链技术，全面跟踪跨境进口商品的物流信息、上传和查证，通过对商品的生产、运输、通关、报检和第三方检验进行全流程查验，从而为产品打上独一无二的“身份证”，以便消费者查询、验证。

另外，区块链技术还成为综合性金融机构涉足物流行业的重要竞争工具。“随行付”就在国内率先将区块链技术应用到合同物流这个细分领域中，并搭建对应平台，在 2017 年 11 月成功上线，成为国内首家真正将区块链与合同物流金融结合运营的金融机构。这个平台利用区块链技术，帮助小微物流企业管理应收账款，实现了物流企业、客户、平台和银行之间信息的高效传递，有利于小微物流企业解决应收账款领域存在的确权与融资问题。

**运用区块链技术管理物流行业，能够通过提供实时货物追踪等服务，减少工作流程，并提高其透明度**。这样，物流业就能够拥有更便宜、更安全的基础架构，从而获得更大的可扩展性、兼容性，以便与其他行业整合。虽然由于尝试创新的程度不同，整个物流行业采用区块链的进度并不统一，但伴随越来越多新项目的成功，人们可以确定，在未来几年，区块链技术将会全面应用于这个传统行业。

## 4.2 客运区块链：让客运更畅通更安全

2017 年 9 月，交通部印发《智能交通让出行更便捷行动方案（2017—2020 年）》。方案提出，要提升城际交通出行智能化水平，其中包括拓展铁路客运信息市场化应用；开展道路客运联网售票系统建设；创新道路客运信息服务模式；推动水上客运信息服务发展；实施民航互联网 + 行动计划，推动开展智慧机场建设，推进旅客联运信息服务建设；提升邮轮信息化、智能化水平，推进国际道路客运信息化建设等。

客运行业，是交通运输领域的主要细分行业。正如这份方案所指出的那样，客运将在大智能交通环境中迅速改变，当区块链时代到来之际，客运行业面临着新的转型发展机会，城际之间的交通体验也将更加畅通、安全。

### 4.2.1 客运行业现状

我国是客运运输大国，铁路、水运和航空的客运资产众多。近年来，不同系统的信息框架与平台建设日趋完善，向出行者提供了优于以往的服务体验。随着技术进步和消费升级，客运运输对信息技术的运用产生了更加自动化、智能化的需求。

例如，铁路客票系统中使用的旅客证件多达十几种，其中除了二代身份证、学生证等几种外，大多没有研发、配备和使用可以自动化识别的设备，不得不采用传统的人工购票流程，既成了执行客票实名制的隐患，也导致铁路出行的整体效率下降。

与此同时，在客运的交易与服务过程中，由于信息无法及时、对称传递，容易产生纠纷，从而影响客运企业的品牌形象和服务水准：铁路售票系统每年都需要重新升级软件，应对抢票软件等外挂的新功能，而航空系统也经常因为需要面对“过度维权”的客户而头疼不已。

由于存在上述问题，**利用区块链技术提高客运自动化、智能化水平，打造公开透明、全网可查、安全可信的客运服务系统，从而提升客运行业整体的社会经济效益，具有非常重要的现实意义。**

### 4.2.2 客运区块链应用架构

基于区块链系统所具有的分布式高冗余存储、时间序列数据的不可篡改与伪造和自动执行智能合约等特征，可以开发出具有以下特征的客运应用。

#### 1. 多方参与

客运系统包括运行交通工具、机务、站务、监管部门、服务平台、出行者等多方利益组成。在多方参与的体系下，区块链能够发挥极大的客运应用潜力。

### 2. 复杂交易

现代客运牵涉跨越广大地域的交通路线规划，并因此带来了种种复杂的交易条件。而区块链的自动化、不可篡改等特质，能够有效降低复杂交易出错的可能。

### 3. 加密信息传输

由于客运消费过程中需要传递敏感加密的信息，如顾客的出行时间、地点、个人身份等，因此，区块链能够发挥其在传输上的保密作用。

### 4. 大量的高频交易

客运出行交易总是表现为碎片化、场景化、日常化的业务模式，其涉及的数量大、频次多，对响应速度和误差率的要求较高。区块链具有即时计费、准确对账和数据共享的作用，能够满足这样的要求。

为了全面发挥上述作用，需要结合客运设施现状，设计出符合客运架构和流程的区块链架构。

以铁路为例，客运设施包括站段、铁路局、中国铁路总公司 3 级架构，分别掌握不同的计算和交易资源。其中，客票计算资源主要分布在不同的铁路局与总公司两级的关键节点上，交易节点掌握购买服务的资源，具有典型的分布式特征。因此，在设计对应的客运区块链架构时，主要包括以下元素。

**计算节点**。包括总公司、客运服务提供单位、技术支持单位等。构建区块链时，应根据各个单位的属性，分别配置在系统的不同层级中，后续可以根据实际业务进行调整。计算节点主要负责资产的发布、评估、交易验证、区块更新等任务。

**交易节点**。包括各个客运车站、代售点、旅客购票终端等。车站和代售点的交易节点承担的任务是发起交易、交易验证等。旅客主要使用智能手机、电脑等，存储与自身出行有关的交易信息，并保存和使用交易凭证。

**数据资产**。主要包括铁路客票等数据信息，加以拓展之后，也包括地域出行信息、客户出行喜好信息等大数据资产。

**链上代码**。即客票交易的主要组成部分，具体可包括售票、退票、改签、补票等网上售票业务。

**成员管理**。系统应实现对各地铁路局、车站、售票点和旅客的身份认证和检验，也包括对大量计算与交易节点的配置与管理。

### 4.2.3 客运区块链场景

在客运领域，区块链不仅能够搭建完整的业务流程，在具体的应用场景中，也大有可用之地。

传统的中心化身份认证系统，需要通过第三方收集数据，并提交给客运管理中心，对大量身份信息进行控制和利用。这其中存在效率降低的可能，也容易因为监管和安全漏洞，导致产生隐私数据泄露风险。如果加以深究，还能发现数据权利归属、数据透明性与可审计性、数据访问可控性等问题。

**通过应用区块链，客运管理中心能够摘要用户身份信息，并保存到区块链上**。这样就能实现对用户身份的本地储存与链上校验，并不需要出示用户的原始身份信息如身份证等，从而为用户提供更好的隐私保护。

在这种思路下，还可以利用区块链作为自动化访问控制管理器，确保用户能够拥有并控制个人的隐私数据、用户数据，实现本地保存并对数据链下的存储器进行加密。外部服务方需要访问用户数据时，只能在获得用户的授权之下，通过数据链获得摘要信息，实现一事一授权。

在未来的客运场景中，出行者在购票前，可以将实体身份证件等信息的数据，事先通过手机等本地客户端，保存在身份区块链上，通过指纹上传客户的身份证图像、姓名、出生日期、地址、生物特征、社交账号、社保信息、医疗健康信息等。

利用区块链的零知识证明等技术，当需要对出行者的身份进行验证时，出行者只要将相关信息的数据指纹信息、链上公钥地址等通过二维码形式，发送给验证者、管理者即可通过扫码验证后，与链上信息对比就能获知正确性。当然，数据指纹信息，也只能由持有私钥的出行者自行修改。

### 4.2.4 区块链应用案例

2026 年，英国往返于伦敦、伯明翰、曼彻斯特和利兹之间的 HS2 铁路网，将正式推出高铁服务。除了关心这个铁路网带来的工作岗位、经济前景外，人们同样关心新技术将如何改变陈旧的客运交通领域，也希望了解科技将如何在未来影响全世界的铁路发展。

参与这个项目的 Mike Bursell，是 Red Hat 公司的首席安全架构师，他表示，区块链的智能合约功能，会更加细致化地从源头改变客运系统。他说，区块链能够让所有人查看最小的零件来源，包括从建设铁路轨道使用的铁矿石，到高铁上使用的信号传输电子元件。此外，与铁路相关的维护记录信息，也能够传送分享到链上，包括哪些部件在哪些地方使用、哪位员工正在参与项目合作、哪些工程师有何种技能或接受过什么程度的培训等。

另一位专家 Easton 指出，区块链在这个新的客运系统中，将主要承担大数据相关的功能，其作用表现在信息共享之上。他表示，现有的客运服务商喜欢直接购买系统满足特定管理目的。例如，通过分析大量监控点所收集的数据，进而优化客运整体规划。实际上，这些数据也很可能为出行者、司机、交通管制员等不同的人服务，提供可以帮助他们生活与工作的重要数据。如果采用区块链数据库，就能追踪所有数据交易，服务商可以追踪哪些人访问了数据、贡献了数据，这样就可以通过对数据资产交易的管理，获得新的利润来源。

当然，HS2 高速铁路网对区块链技术应用的前景，尚处于探讨和研究之中。但不可否认的是，未来的客运领域将处于高速发展中，而这一切都离不开对区块链技术的尝试应用与不断开发。

## 4.3 驾驶员管理：可流动、可互动的信息终端

随着科技的发展，尤其是信息技术的进步，在大数据、人工智能、物联网等一系列新技术的共同推动下，企业驾驶员管理工作将会变得更加简单与高效，相应的人事管理，很可能变成对可流动、可互动的信息终端进行的管理。

由于实际需要，无论是专门从事运输服务的客运、货运、出租车企业，还是从事普通业务的商务企业，都会面对驾驶员管理这个人力资源任务。然而，驾驶员的管理又与普通员工的管理不同，主要表现在工作内容与性质的特殊性上：驾驶员的流动性大，每天工作的地点不固定；工作的互动性不强，只需要个人操作，通常不需要团队协作；有一定的从业门槛，尤其对于专门的运输企业而言，更对驾驶员的挑选甄别有特殊要求……

凡此种种，造成了企业内部对驾驶员管理的种种弊端。**区块链技术的崛起，恰恰可以帮助企业彻底改变管理思路与方法，提升驾驶员岗位产生的效益。**

### 4.3.1 驾驶员管理症结

在了解区块链如何改变驾驶员管理方式之前，不妨先看看目前存在的问题，这些问题可以分为两大类。

**第一类，以滴滴为代表，包括传统出租车公司在内的运输平台服务企业。**

滴滴每天上线的驾驶员上百万人，如何管理这些驾驶员是大问题。为了减轻工作压力、降低成本，大部分驾驶员是通过第三方租赁公司、服务商进行管理的。在具体管理中，如果服务商的管理规模较小，可以设置专门岗位管理驾驶员，但大多数的管理规模较大，需要将管理岗位分为运营管理、司机管理、车辆管理等；如果司机数量更多，就需要将司机组成车队，设置车队长，再由车队长向下管理。在传统出租车公司中，管理架构基本相似。

在管理实践中，无论是滴滴还是传统出租车公司，对司机行为的可跟踪性都较欠缺。由于司机是线下实际服务行为，其中大量服务内容是否达标，无法被企业直接管控。例如，是否主动向顾客问好、服务态度如何、形象是否端正、车内环境是否整洁等，企业都难以第一时间了解与掌控，这也导致从滴滴上线以来，关于其快车、顺风车的安全隐患不断遭受质疑。实际上，传统出租车也并不完全安全，同样面临驾驶员个人的道德与违法风险。究其原因，在于无法直接跟踪驾驶员的行为。

与网约车相比，传统运输企业更难对司机的行为表现加以量化。无论是出租车公司还是长途客运公司，几乎不可能做到让每个客户为司机服务打分。而滴滴尽管使用了服务分系统，也难以完全避免司机和客户共同造假、恶意评分等违规行为。

对驾驶员的管理难点，还在于如何判定责任。事实上，绝大多数难以解决的投诉或纠纷，也与之多少相关。当某个司机和某个顾客发生纠纷，无论是滴滴还是传统出租车企业，都难以马上判定司机是否承担责任、承担多大责任。

**第二类，普通企业的驾驶员队伍管理。**

在中大型企业或物流、商贸类型的企业中，专职驾驶员虽然不直接与乘客打交道，但同样存在管理漏洞。

例如，驾驶员公车私用，开公司的车出去吃饭、接人，甚至还顺道载客；汽车油量异常，刚加的油，司机很快就报告没有油了；消极怠工，经常找不到人；瞒报、谎报过路费；违反交通规章制度；使用不当导致车辆寿命周期缩短，无故障工作时间缩短等。

许多企业遇到类似情况，通常只能建立严苛的监管制度，或者直接采取换人、解聘等方法。然而，这些方法大多治标不治本，过段时间，上述现象依然出现，令管理者难堪而又无从下手。

## 4.3.2 区块链介入传统管理

从出租车企业到普通企业，面对的驾驶员管理难题，几乎无一不或多或少来自中心化的管理模式。在这些企业中，始终存在对司机进行考核评价的中心，一旦遇到中心资源供给不足或无能为力的“边界”，司机的行为就会变得不可控并导致诸多风险出现。

鉴于此，将区块链技术贯穿于驾驶员的日常工作流程，是可行之道。通过区块链事先设定自动运行程序，驾驶员每天工作的起始时间、实际驾驶时间、成本花费、交通路径、行为表现、客户评分等，都能够记载到各自的账本中。账本存在于每个交易或服务主体的终端中，能完全确保账本记录过程的公开透明。

例如，运用区块链技术，每个司机的行车记录都会记录到统一账本中。根据真实可靠而无法篡改的详细记录信息，智能合约自动计算油费，并直接支付到司机账户中从而完成报销，这样，就能在很大程度上避免出现司机谎报油费、谎报过路费的现象。以区块链财务方式，替代企业传统的结算中心，可以降低工作负担，提升运营效率。

对传统管理体系而言，引入区块链管理驾驶员，不再将他们看作被动接收管理的一方，而是将他们看作数据的提供者、分享者，这样就能在驾驶员流动工作的状态下，加强他们与企业的互动，利用他们创造的数据资源提升管理效益。

### 4.3.3 区块链管理模式

事实上，随着数字技术的进步，在未来年 10 ~ 20 年，人力资源管理方式很可能发生革命性的变化。毫无疑问，区块链将推动这个潮流，并在此过程中创造驾驶员管理新模式。

例如，在现行驾驶员招聘过程中会产生一系列工作内容，包括简历筛选、面试、背景调查等。之所以需要如此多的工作量，主要原因在于信息不对称，企业必须经过一系列测评才能筛选出适合需求岗位的人才。引入区块链之后，传统的简历将不再起决定性作用，区块链简历能记录驾驶者的相关教育、培训和工作经历，验证技术能评价其真实性，从而避免简历造假、人情招聘的情况。不仅如此，企业能够制定更加具有针对性的评测内容，并减少调查所需花费的大量成本。

又如，在驾驶员绩效考评方面，可以利用区块链技术综合多方面的考评结果进行全面考评，做出对员工业绩的科学判断，确保公平与公正。在驾驶员档案管理方面，传统的纸质档案或电脑档案容易遗失或出错，但区块链的时间戳特性能够按先后顺序，完整记录员工的工作表现。此外，根据考评的结果，企业人力资源部门能够更准确地确定驾驶员的薪酬额度，并以区块链技术自动完成报税，大大减少了工作成本。

## 4.4 安全管理：运输安全与交易安全更透明

在现代交通运输业与汽车工业的成长过程中，安全问题始终存在。运输安全问题如果不加以遏制，很容易引发交通安全环境的恶化，导致交通事故频发。

在智能交通时代，为了确保运输安全与交易安全，有必要利用区块链技术开发新的管理系统，促使运输与交易过程更为透明。

## 4.4.1 加密数字客票

运输安全管理，离不开对客运票证的有效管理。对数字客运票证的加密能够确保运输与交易的安全，并面向社会公众开放信息，做到更加透明、高效。与传统客票和普通电子客票有所不同，加密数字客票可以区块链作为技术基础。这种客票兼有电子客票的基本属性与特点，同时运用区块链技术加以创新。

加密数字客票主要有以下几大功能特点。

**采取分布式存储票证信息，有助于提升信息的安全性和可容错性。**

**采用时间戳，能够实现数据信息不可篡改、无法伪造与可追溯。**

**非对称加密技术，能够将售票过程中因信息不对称而导致的矛盾等不安全系数降到最低，从而通过数据透明、实名制等方式，保护出行者的隐私。**

**利用智能合约，能够提高客运票证的交易、查验、检票等作业的效率，以自动化和智能化水平推进交通的整体安全性。**

目前，人们设想的加密数字客票运作流程如下。

**开发：根据列车、飞机行驶计划的编制、运行图调整等工作，生成待发布的客票数据资产。**在区块链上发布的过程，即为数据资产的定价过程，由提供交通服务的计算节点完成。

**交易：数字客票在发布之后，即可进行交易。**交易以私钥转让的方式进行，过程以智能合约的形式打包进入区块，供计算节点与交易节点进行确认。

**检验：加密数字客票的检验，主要集中在对车票与持有者身份的双重检验上。**通过利用零知识验证工具，开发车票与旅客身份专用的信息项验证接口，实现两者信息的快速检验。

### 4.4.2 基于区块链的车辆安全服务

车辆安全服务，是交通运输安全管控中的重要组成部分，主要包括汽车检测和维修两大服务内容。

检测方面，由于电子驾驶辅助系统在车辆运行中发挥重要作用，因此电子系统是否整体可靠，成为影响运输安全与汽车交易安全的关键因素。根据国际机动车检测委员会的调研报告，现有车辆电子系统和机械系统出现故障的概率基本相同。因此，对电子系统及其组件定期进行安全技术检验十分重要。例如，车辆的电控系统是否存在被关闭、破解或移除的可能性，与车辆操控相关的组件是否老化、失效等，都是重要的安全检测内容。一旦检测出问题，必须及时维修，以保证汽车行驶的安全性能。

**通过区块链技术的运用，汽车安全服务形式将发生重大变化。相关的检测或维修企业，不再只是被动提供安全服务的角色，而是能够为每个顾客打造专用的汽车检测和安全档案。**由于安全档案基于区块链的特性，因此从汽车零部件到电子系统器件的来源、生产过程、使用记录，到整辆汽车的检测、维修和保养记录，再到出现故障的时间、地点、环境、表现或原因，都能在第一时间被上传到安全档案中，便于根据时间顺序进行排列，从而为后续服务者或驾驶者本人提供参考。

同样，与汽车相关的交易过程，包括保险、交费、加油、充电、搭乘、高速公路等费用的缴纳和支付，也都能够在区块链技术的支撑下实现透明。

总之，与买车贵、修车难的过去不同，区块链的发展为驾驶者带来了好处：从购买车辆到信息登记、上保险、使用，再到汽车检测、维修、报废等，有关汽车的一系列行为都将充分公开，在保护个人隐私的前提下，让每个出行者都能身处安全无忧的交通环境中。

### 4.4.3 区块链应用案例

2017 年 7 月，法国汽车制造商雷诺公司宣布，推出新一代汽车维修记录簿原型。这一实验平台采用 Microsoft Azure 区块链技术，由该公司与微软、咨询公司 VISEO 合作开发，汽车经销商、客户、保险公司和维修企业都能从这个新系统中获益。

与现有汽车维修管理系统不同，这个平台利用区块链技术，创建了可靠的信任协议，打造出厂家、经销商、维修商、保险商共同良性互动、和谐存在的生态系统。在这种生态中，客户能够获得具有良好透明度的服务效用。例如，在二手车交易中，由于车主和经销商将数据录入区块链上，潜在买家能够全面共享车辆的运行历史，汽车交易的公正性得到了明显增强。

与此同时，国内区块链技术的应用也加快了运输与交易安全服务的透明化进程。2018 年年初，京东发布了基于区块链的汽车无界服务战略。他们认为，原来产业链中存在的信息不透明问题，对维修车辆造成了种种困难：生产商和分销商无法掌握市场消费与库存的准确数据，导致库存消化慢；维修商在海量库存中找不到合适的配件，订货难、送货慢，使维修困难加大；消费者无法得到及时的检修，影响行驶与交易的安全……

为了解决上述问题，京东与腾讯合作，将车辆消费者的社交行为特征与购物数据统一，形成高效、精准与安全的区块链数据库。由于无须信任的技术机制，客户车辆信息、厂商库存信息等都能够在产业链上下游自由流动，其中每个部分都大大节省了时间。

在这个战略下，京东将建设十万多家连接该销售维修平台的智慧维修厂，以此推动安全服务的整体转型升级。

## 4.5 物流预测：激活已有交通资产，合理资本运营

货运与物流业，是交通系统中配置资产最多的细分领域。在这个领域流动的资本，包括大量货主企业投资、货运经纪人成本，也包括货物的具体数据信息资产。发挥区块链的作用，能够给这些已有的交通资产带来新的生命力，通过合理化运营，未来将会诞生更便宜、更高效的物流预测管理系统。

### 4.5.1 什么是物流预测

物流预测，就是人们在充分调查研究的基础上，根据物流行业过去和当下的发展规律，对物流管理的发展趋势状况进行描述和分析。

在物流企业的运营中，物流预测是物流运筹的基础工作，也是各部门对工作加以规划和控制的前提，在物流活动中有至关重要的意义。通过物流预测，企业能够及时发现市场未来发展的趋势和方向，并对经营中可能出现的种种情况进行预测，以便及时阻止或尽量避免不利情况的发生。因此，精确的物流预测有助于合理运营物流资本、科学分配资源，在不需要付出昂贵代价的前提下，对运输能力做出正确调配。

具体而言，**物流预测的对象包括物流信息系统。例如，物质计划需求量、成本材料费控制水平、仓库储存量等，也包括定期对装送的某种产品加以预测。物流预测的方法和手段总称为物流技术，其中包括专家预测法、回归预测法、时间序列预测法、灰色预测法、弹性预测法、马尔科夫预测法等。**

实际上，物流预测不仅应用于企业的具体管理，而且通过激活整个

行业的交通资产，协调解决全社会的供应链矛盾。当各个企业能够根据自身的战略目标，预测市场需求，合理制订运输计划，就能最终推动整个行业的供应链一体化。

### 4.5.2 物流预测面临的挑战与机会

随着消费需求的不断升级，物流配送的服务质量越来越受到物流预测水平的影响与制约，这也为物流预测技术提出了新的要求。

以电商快递领域为例，高品质、便利化的用户体验，成为消费者关注的重点，在这种要求下，消费者提出了极速配送与准时妥投的要求，例如，“当日达”的物流服务已经难以完全满足客户的需求，“分钟达”服务应运而生。“分钟达”意味着从客户下达后，在 30 分钟到 1 小时内，就将商品送达。因此，电商企业能否充分调动资源以便在较短的时间内完成高频度的取件与派件工作，就成为物流预测技术必须攻克的难题。

在“分钟达”服务体系下，电商的大量订单并不需要从仓库发货，而是从距离消费者最近的实体机构发货。因此，如何选择实体机构的开设地点与密度，如何规划实体店覆盖的送货区域，如何调度实体店的发货资源与能力，如何管理实体店的发货与配送流程，都是企业物流预测中亟须利用新技术解决的问题。

例如，京东物流通过布局“前置仓”，激活交通资产，提升即时配送的速度。当用户在京东商城购买商品之后，京东物流平台利用预测系统，根据用户的收货地址自动识别，并预测附近不同运力所能送达的时间，从中匹配最合适的运输力量。目前，京东物流已经在北京、上海、广州、成都、天津、杭州等城市获得近百个前置仓的使用权。

即便如此，以京东为代表的电商依然需要利用区块链技术不断强化物流预测技术。这是因为新零售面对的服务对象是人，人的移动是频繁的，准确预测的难度很大。很多消费者的要求时刻发生变化，不仅需要尽快送到家，还有可能需要送到单位、正在用餐的饭店、健身的场馆等。不断出现的新场景，需要物流预测引入先进因素，对技术加以优化，从而应对挑战、把握机会。

### 4.5.3 区块链应用案例

2018 年 5 月 25 日，京东物流发起“可持续发展汽车共生伙伴”计划，奔驰、福特、北汽、上汽等 40 多家车企与行业相关企业参加这个计划。这个计划打造的首个项目，就是利用区块链技术、激活现有交通资产的“快递到车”业务。6 月，这一业务首次在蔚来 ES8 车型上完成实测，并获得了更多品牌的关注：领克汽车、福特、北汽等多家车企均与京东签订合作协议。

从物流角度观察，“快递到车”是通过物流预测对交通资源潜力加以开发的必然趋势。

由于销售和消费场景的边界正在不断拓展，购买行为即将无处不在，物流也必然走向无边界化。由于旧有的物流预测与管理技术只能支持送货上门、寄存在自提点等常规选项，无法满足消费者的需求。因此，京东物流打造“快递到车”，实际上是通过对物流预测技术的提升与探索，进而采取新的方式，将客户闲置的汽车后备箱作为交通资产进行充分利用。

在“快递到车”这个新方式中，离不开区块链技术对物流预测与管理的支持。

**首先，用户需要将个人车辆信息、参与意愿等数据，上传到京东物流的数据平台**。通过对大数据的分析与判断，平台方预测“快递到车”所需要的基本运力、运输流程和计划，从而设计支持这一项目运行的智能物联网架构，并利用区块链授予客户加入的私钥。

**在项目具体运行的过程中，消费者、车企平台与京东平台实现智慧互联，每个消费者通过手机客户端获得私钥**。通过物流预测技术，消费者能够提前获知快递员到达车辆的时间，并通过私钥授权其开启后备箱，同一平台也能够向快递员提供车辆定位服务，并通知快递员后备箱的开启时间、次数。**快递员获得授权后，其放置行为由后备箱内的摄像头自动记录**。由于区块链数据具有不可篡改性，系统根据时间链将开启、放入、关闭后备箱等过程信息加以记录并保存，方便客户随时查看。

实际上，京东并不是全球第一个利用区块链物流预测运营合理资产的电商企业。在此之前，亚马逊推出了 Amazon Key In-Car 服务。这一服务覆盖了美国多个城市，支持雪弗莱、别克、通用、卡迪拉克、沃尔沃等多个车型，消费者只需要查看自己的车辆是否匹配，并且下载手机客户端就能完成设置。在消费者购买之后，亚马逊通过预测与调配，向消费者提供 4 小时的送货时间窗口。当快递员来到车辆附近时，系统会结合预测结果，根据消费者之前的预先授权，向快递员提供合理权限，快递员开门或后备箱不需要特别钥匙或密码。当放货完成之后，消费者会在手机软件上得到商品已经放置完毕、车辆自动上锁的消息推送。

令人期待的是，随着区块链技术的运用范围越来越广，对物流预测的影响将逐步体现。随着物流预测更加深入与细致，包括电商、邮政、工业产品运输等在内的所有交通相关行业，都将从中受益匪浅。

## 案例：区块链如何破解货运乱象

区块链最初出现在世人面前时，承担着改变金融领域传统模式的任务。但研究者很快发现，这项新技术会对物流领域同样产生深远影响。物流行业要想实施更高效的解决方案、改变物流原有乱象，就应该利用区块链技术，让利益相关者协作沟通，达到真正的双赢。

2018 年 3 月，全球著名物流企业 DHL 与咨询公司埃森哲联合发布了针对区块链技术应用于物流领域的趋势报告，这份报告详细指出了区块链技术如何破解货运乱象。

报告指出，美国的物流乱象并不亚于世界上任何一个国家。在物流方面，存在大量被无视的价值，其中主要原因来自物流业的零散性与竞争性，由于参与物流供应链的竞争者众多，造成了低透明度、非标准化流程、数据孤岛和不同层次的技术应用；此外，物流供应链中的许多环节又受到了监管机构的人工约束。例如，物流公司必须经常依靠手工输入的数据、纸质文件接受海关程序检查，这些都会导致难以追踪货物在供应链中的状态。

为此，埃森哲公司宣布正在开发基于区块链的系统，该系统重点在于取代传统提单，从而为所有物流供应链的利益相关者提供单一的真实数据来源，用于货运查询和发布贸易文件。在这一系统上，区块链网络连接各方，从而实现无障碍沟通，消除了通过中心机构进行协调的环节。

在中国贵阳，区块链技术也被应用于货运物流的乱象破解中。2016年，贵阳区块链发展和应用白皮书发布，开创性地提出“主权区块链”和“绳网结构”等理论，推出了贵阳发展区块链的高层设计决策。2017年2月，贵阳市政府再次强调区块链技术应用的重要性，并召开“贵阳区块链发展和应用”新闻发布会，宣布第一批区块链应用将涉及12个重要的场景，包含了货运物流领域。

在贵阳兴起的区块链技术应用浪潮中，更加强调网络的分散化，强调让共识算法与规则体系更加和谐、包容，显著推动了区块链解决物流诚信体系问题的步伐。同时，大数据、物联网等技术的发展，也由此充分与区块链结合，加快带动物流行业革新的节奏。

在贵阳经开区，大数据生态物流产业基地正在崛起，包括货车帮等多家明星企业，积极对物流中货车的位置、时间和速度等关键数据进行收集与分析。同时，实现物流大数据可视化、整合货品信息，融合交通路网、货物运输、货物周转等行业数据，建设物流大数据可视化分析平台，实现信息资源互联共享与实时展现。在充分积淀的大数据平台基础上，未来将进一步运用区块链技术，提高物流运行监测、预测、预警等公共服务能力，推动实现货物来源可追溯、运输可追踪的新技术。

除了针对陆地物流行业的问题之外，区块链技术也被应用在海洋航运领域，解决跨国物流体系中的原有问题。

由于跨国航运具有的特殊性，在传统的物流解决方案中，生产商、贸易商、银行、港口、海运、运输商已具备了自己的业务系统，数据各自保存在核心系统中，相互之间不可能开放。例如，当货物到达某运输企业之后，货主就发现无法对之进行跟踪，因为该企业的内部数据不对外开放。同时，由于参与方对数据有绝对控制权，数据遗漏或篡改的风险也会很大。

区块链分布式与不可篡改的特性，使航运的物流运作模式发生变革。不仅能够绕过一些中间机构，对运作流程加以简化，还能利用智能合约，消除大量的单证，促使航运实现无纸化运作。通过智能合约，不同节点之间的资金流转也变得安全而高效。

2018年2月23日，太平船务联合新加坡港务集团、IBM新加坡公司，完成了基于区块链技术的首次试航。根据协议，这三家企业通过概念验证，建立了IBM区块链平台，对基于区块链技术的物流平台进行测试，并实现了对2017年8月到12月，由重庆到新加坡航线的货物追踪。而在此之前，已经有14家日本企业成立了基于区块链技术的航运企业联盟。在北京，安永也携手区块链专业公司创建了全球首个航运保险区块链平台。

总体来看，区块链主要通过以下3个因素破解物流乱象：

第一，区块链能够在物流运输的各相关主体之间实现电子凭据单证的准确、实时和全面交换；

第二，区块链能够实现对供应链上物流、信息流和资金流的三项合一，形成线上交易的可追溯模式，从而清楚界定各方承担的责任；

第三，区块链能够改变物流信用评价系统，创新物流金融服务，因为相关交易主体的信息都保存在链上，能够轻松获取，因此物流交易主体之间能够直接进行信任交易。

# 第五章
# 更智能个性：
## 区块链交通这样改变车联网

车联网作为物联网的一个分支，其核心是基于智能汽车的信息网络。而车联网产生的一系列大数据，都要通过区块链保存和调度、分析、管理和使用。

如果车联网的信息不能安全保存，就可能存在各种安全隐患，特别是未来无人驾驶汽车的发展，车辆信息安全更加重要。联网汽车(Connected Vehicle)使车辆具有巨大的智能应用程序功能，汽车自动化逐年加强，包括导航、道路救援等。区块链将利用数字网络追踪这些设备，实现车辆间通信和保险条款自动追踪、车辆年检等。

如果车联网信息不能实现分布式、开放式发展，那信息资源的配置和使用效率就会大大降低，而区块链这个技术方案正好能够解决这些问题。

## 5.1 大数据管理：车辆信息记录与保存的完美方案

车联网之所以重要，就在于汽车作为一种终端，它能够使用和分享信息，同时也能够采集信息，所有车辆产生的各种各样的信息，能够真实地反映当下的交通现状及用户的出行方式等。

随着社会进步、人民生活水平的提高，汽车成为家庭使用频率极高的一种交通工具，而移动互联网的迅猛增长，也让汽车这一信息终端纳入了移动互联网，成为移动互联网信息的出口和入口。

### 5.1.1 何为车联网

车联网 (Internet of Vehicles) 概念引自物联网 (Internet of Things)。严格来说，车联网是物联网的一个分支，它同样基于移动互联网的信息传递，既是信息采集和分享的出口，又是入口。

**车联网是以车内网、车际网和车载移动互联网为基础，按照约定的通信协议和数据交互标准，在车 -X(X 指车、路、行人及互联网等 ) 之间，进行无线通信和信息交换的大系统网络，是能够实现智能化交通管理、智能动态信息服务和车辆智能化控制的一体化网络，是物联网技术在交通系统领域的典型应用。**

我们可以看到的数据是，截至 2017 年 3 月，中国的机动车保有量已经突破 3 亿，如图 5-1 所示，同时机动车的年增长量超过 2000 万辆。这是一个无论看存量还是增量都很可观的市场，围绕汽车市场落地的应用，无疑有很广阔的前景。

从车联网的概念诞生开始，就受到了资本和行业巨头的追捧，除了传统的汽车产业巨头奔驰、宝马、丰田之外，无论是国内的 B(Baidu，百度）、A(Alibaba，阿里巴巴）和T(Tencent，腾讯)，还是国际巨头Google、Amazon、Tesla等，都早早地开始了车联网行业的布局，现在，车联网行业的资本运作总额已经超过3万亿元。

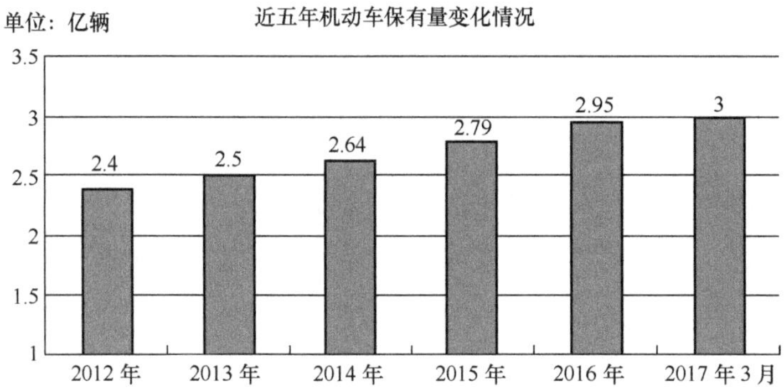


数据来自人民网

图5-1　2012—2017年3月，中国机动车保有量

在车联网市场一片繁荣的背后，存在着不可忽视的隐患——安全和可持续性，没有任何一家企业目前真正对这两个问题提出了完美的解决方案，而这两点也正是车联网乃至物联网一直被诟病的地方。而今天，炙手可热的区块链技术似乎可以成为车联网这些令人担忧的部分的完美解决方案。

### 5.1.2　车联网与大数据

巨大的市场保有量，让汽车这一终端采集了庞大的数据信息，所以说车联网在本质上是与大数据相连的。

随着联入网络的车辆越来越多，车联网中收集的驾驶习惯和行为模式数据成几何级增长。如何有效地处理这一庞大的数据成为必须解决的问题。而要有效地解决这些庞大的数据，首先要回答以下几个问题：**如何保障信息安全；如何快速、有效处理庞大信息；信息如何被**

高效利用等。

区块链是分布式数据存储、点对点传输、共识机制、加密算法等计算机技术的新型应用模式，它具有开放性、自治性、匿名性等特点，这些特点正好能够回答以上问题。

### 5.1.3 车联网与区块链

区块链的分布式数据存储、点对点传输、共识机制、加密算法、匿名性等可以保障车辆及车主信息的安全、有效记录和存储。区块链就像一个完美的账本，它能够把信息天衣无缝地存储起来。而车联网需要这样一个账本，这个账本需要记录所有发生在车联网内的一切数据和行为，并协调所有发生的事情以及未来将会发生的事情。

而区块链的分布式数据存储、点对点传输、开放性、自治性特点，能够保证庞大的信息被快速、有效处理，避免了数据全部集中到某个中心才能被分析处理的窘境。

区块链技术除了解决信息分布式存储和分析的难题外，还能保证信息被高效使用。点对点传输、开放性等特点，让企业和个人能够，按照自己的个性化要求进行信息的分析和管理，让信息资源得到最大化利用。

当然，区块链技术不仅能够为车联网中所有车辆的数据记录提供完美的解决方案，同时还能保证一旦数据被记录将不可以再更改。而数据的有效保存，正是大数据的基础。

### 5.1.4 区块链应用案例

在区块链交通、车联网等不断发展的同时，某创业公司团队 SIGMA 正努力研发车联网方案，希望能进一步解决有关车联网的安全和身份问题。

对车联网来说，区块链技术可以在车辆以及车联网中的其他节点之间建立低成本的直接沟通桥梁（过去我们很难做到 M2M 对话、交易甚至支付），这大大提升了车联网的运营效率。

同时，SIGMA 团队解决方案中的智能合约部分，可将每辆接入车联网的车都变成可以自我维护调节的独立的网络节点，这些节点可在事先规定或植入的规则基础上执行与其他节点交换信息或核实身份等任务。

这可以帮助互不相识的车辆所有者或车联网网络的终端用户进行交流甚至交易，这将引爆以前隐藏在社会深处的过剩资产容量。

利用自主的芯片技术，SIGMA 团队为智能交通平台定制了专属的小型服务器，这个小型服务器将作为第三方交易节点，分布在 SIGMA 智能交通平台中，由具有公信力的第三方保管，同时结合独有的“雷神网络”技术，这些节点服务器将大幅提升传统区块链被人诟病的交易效率，让 SIGMA 设计的智能交通平台高效运转成为现实。

## 5.2 安全与效率：实现智能汽车的高效连接与交流

在车联网界，公认最难的问题：如何实现智能汽车的高效连接与交流？如何从用户需求出发，给每个驾驶者提供价值？这个课题涵盖了智能汽车研发与利用的全过程，同时也值得主机厂、车联网设备制造商、数据运营商、服务商在内的整个产业链加以研究。只有充分发掘和满足用户需求，才能保证智能汽车之间的连接与交流，创造更大价值。

### 5.2.1 智能汽车与车联网

车联网环境下的智能汽车，是指搭载了先进车载传感器、控制器、执行器等装置，并融合了现代通信与网络技术，实现车与人、车、路、后台等主体进行智能信息交换共享，具备复杂的环境感知、智能决策、协同控制和执行等功能，实现安全、舒适、节能、高效行驶，并能最终取代人工操作的新一代汽车。

对于智能汽车的分级，中国汽车工业协会提出了 5 个分级标准：第一级是驾驶资源辅助阶段；第二级是部分自动化阶段；第三级是有条件自动化阶段；第四级是高度自动化阶段；第五级是完全自动化阶段。

毫无疑问，在智能汽车的“升级”过程中，车与车、车与路的信息协同与先进驾驶辅助等智能化、网联化技术，将大大减少汽车交通安全事故，提升交通通行效率，同时极大地提高驾驶的舒适性。实际上，现代汽车内部的电子电气系统，已经构成了复杂的车内网络系统，而智能汽车的升级标准，就是以内部网络系统能否通过专用的连接与沟通网络，构成移动自组织车际网络。因此，车联网与智能汽车的发展紧密联系、相互依托，前者是发挥后者功能的网络承载，而后者是前者与传统智能汽车的最新交集。

### 5.2.2 区块链与智能汽车连接

在智能汽车连接与沟通过程中，最大的挑战在于安全和身份问题，即如何确保数以亿计的智能车辆相互连接与交流的安全。区块链可以为这一问题的解决提供完美方案。

**首先，区块链技术保证了智能汽车连接与沟通内容的真实性。**智能汽车上链时代正在到来，对外通信涉及的数据领域包括安全驾驶、通信导航、视觉智能化以及各种识别程序、信息娱乐和舒适环保等，都可以利用区块链技术进行哈希处理，并加盖时间戳，存进区块链，并在未来任何时刻直接利用哈希值处理进行检验。这样就能保证每台智能汽车作为车联网的节点，传送和接收最真实的数据。

**其次，在区块链构建的网络中，智能汽车发出的通信指令无须上传到第三方数据中心，而是将每辆汽车都变成沟通交流中心。**指令与数据只需要在车辆之间循环，从而大大减少了信息流通的时间成本，并通过共识机制，充分提高车联网内部系统的安全性与私密性。

**最后，区块链利用以太网智能合约功能，可以在每辆智能汽车之间建立低成本的直接沟通渠道，实现车与车之间的对话交流。**例如，让汽车互相交换天气信息、道路状况或者交通数据，甚至还可以在未来实现自动驾驶汽车在空闲时自动搭载乘客，并完成交易和支付。

### 5.2.3 区块链应用案例

2018年5月26日，在贵阳隆重开幕的中国国际大数据产业博览会上，国内首个基于区块链技术的智能车链正式展示。

这个智能车链，由Higgs Block与驾图联手打造。Higgs Block是区块链与应用方案、区块链一体化解决方案提供企业，驾图是国内的车联网大数据企业，这两家企业打造的该产品成为区块链技术与车联网大数据相结合的重要尝试。

在技术上，智能车链产品基于Higgs Chain的异构区块链网络进行开发，这个网络由可信区块链体系Higgs Trust和公有区块链体系Higgs Global构成。前者主要负责具体业务的落地实现，后者负责实现全网见证。这种独特的架构能够确保智能汽车之间、汽车与物联网之间的大数据传递做到不可篡改、保护隐私，并具备高效性能、分层隔离、优化账本与生态共享的特性，为下一步车联网的大规模上链构建基础。

将区块链技术引入智能汽车信息网络，能够确保大数据价值真正被数据所有者掌握，使其获得收益，其他个人和机构无法侵犯数据所有权，确保数据传递沟通的安全。在数据访问的过程中，智能合约能够确保某个数据必须得到所有者授权才能访问，并规定访问者必须支付一定的费用才可以访问。

区块链所独创的无信任环境，对智能汽车数据的使用变得更加容易。

只要接入这个平台，所有人、企业、车辆和机构都能够申请授权接收或付费使用这些数据。同时，区块链还可以保障这些个人、企业、机构在全部过程中自由行动，甚至能够实现匿名交易。

由区块链带来的创新，智能车链能够为每位数据提供者、访问者和使用者，带来全方位优化的服务体验，让他们直接受益。

## 5.3 区块链：让车联网系统更安全、私密

与云计算、物联网、智慧城市这些新兴概念相比，车联网正在疾步从概念走向现实，也是落地前景比较清晰的互联网应用产业。正因如此，市场对未来车联网的市场规模有了种种乐观的预测，但要想实现这些预测，车联网系统必须真正打造出安全与私密的环境，才能吸引足够多的消费者顺利接受它。

### 5.3.1 车联网概念的回归

从起步到如今，车联网始终面对着群雄逐鹿的局面，在不同的方案、预测和构想背后，都有不同参与方的利益诉求和自我画像。其中，车辆生产企业觉得主导者应该是自己，因为车辆是车联网的必需硬件；运营商认为，网络才是必不可少的通道优势，车联网作为行业化的应用，离不开自己的主导力量；服务提供企业则认定，车联网如果能够落地，必须依靠平台和服务，因此自己才是主导车联网走向的中心……

车联网系统的主要构成部分是硬件、前端与管道三大种类。其中，硬件制造商以汽车行业为龙头。前端主要包括汽车的智能传感器，负责对车辆的智能信息加以采集与获取，同时还包括车内通信、车间通信、车网通信等通信终端。这两部分是车联网发展中获益的第一阶梯，它们

提供了车联网普及阶段的物质基础。而管道部分主要解决车与车、车与路、车与网、车与人之间的互联互通，是网络通信行业专长的领域。

如果必须在上述 3 个部分中选出一个中心，势必是非常困难的。在车联网的不同发展阶段，上述 3 个部分会各自展现不同的发展速度，而总体上是相互融合与促进的。因此，与其盲目定义或设计车联网的中心，不如及时转换思路，推动车联网概念回归到互联网的运行上。

本质上，互联网是人类传递信息的媒介，无论是早期的新闻门户、搜索引擎，还是移动互联时代的社交网络，再到方兴未艾的区块链网络，始终都在交换与传递不同的流动信息。从积极的角度来看，这样的交流给无数人带来了收获，但弊端也是明显的，由于个人与机构在互联网中担任了重要的信息传递角色，很容易导致信息被利用、篡改、窃取，最终造成信息传递体系失控。显然，这不是真正的车联网推动者愿意看见的。

## 5.3.2 车联网安全问题

由于车联网的多源异构性、开放性和移动性，其运行过程中面临隐私泄露、数据遗失等安全问题。以物联网的表现为前车之鉴，由于传统的加密机制表现不佳，很容易遭受来自内外部的攻击。如 2016 年年末，美国超过 200 万台摄像机等物联网设备被恶意软件劫持以用于攻击服务器，造成大量服务无法访问。

车联网的安全隐患，主要包括感知控制层、网络互联层和应用层 3 个方面。

**感知控制层是车联网信息和数据的来源，其目的是达到对车辆数据的全面感知**。由于感知控制层的设备数量与种类众多，节点呈现多源异构性，大多数情况下，功能简单且缺少有效监控，容易泄露与干扰信号、伪造或假冒攻击、标签嵌入威胁等安全问题。如果基于车联网硬件设备所采集的海量数据无法得到有效保护，很容易对用户安全、公共安全造成巨大威胁。

**网络互联网是指通过移动互联网、互联网、卫星网等网络基础设施，实现对数据信息的接入，并将之传输到服务平台**。由于传输途径包括了各种不同网络，面临比传统网络严重的安全问题，如传输数据被破坏，或遭到窃取、攻击、利用等。

**应用层是车联网系统与用户的接口，负责向用户提供个性化业务、身份认证、隐私保护，并向车辆提供用户的操作指令**。由于应用层直接接触外界，并处理大量隐私信息，也是车联网中最敏感、风险最大的区域，其中包括如何控制访问、如何认证权限等。

除此之外，传统物联网的运行环境是中心系统，在这个系统中，信任机制比较容易建立，但需要可信的第三方对所有设备进行管理。但由于车联网环境中的设备众多，可能达到亿为单位的级别，很容易对第三方造成过大压力。

基于以上原因，车联网需要建立新的信任机制，从而减少第三方机构对安全造成的影响，使设备之间保持充分共识，确保车联网的整体运行安全。

### 5.3.3 车联网区块链安全新思路

目前，车联网存在的安全问题主要集中在数据安全、隐私泄露、认证与访问控制和系统中心化 4 个方面。针对上述问题，区块链所包含的技术和机制能够分别加以解决。

#### 1. 数据加密与数字签名

区块链技术的加密算法，原理是利用一对在数学上相关的密钥，使用其中一个密钥对另一个进行加密。在传输数据时，传输方将私钥用于数字签名，该传输的签名可以利用公钥进行验证。这样，数据信号就无法被伪造。同时，利用哈希算法，还能保证传输的数据也无法被篡改。这两大技术特点，能够有效解决车联网感知控制层的信号安全问题。

### 2. 分布式数据库

在区块链中，由于数据信息被存放在每个用户的客户端节点中，所有的节点组成了分布式数据库系统，因此，任何一辆智能汽车、任何一个用户所拥有的数据被破坏，都不会影响整个数据库的正常运转，在其他的健康节点中，会保存完整的数据库，这一特殊结构能够有效储存数据，避免丢失或损坏。

### 3. 时间戳与不可篡改性

时间戳技术，为基于区块链的车联网增加了时间维度，使数据更容易追溯，从而重现车辆本身与环境变化的历史。此外，时间戳还能证实特定数据在某个时刻确实存在，这保证了区块链数据库无法篡改和不可伪造。采用时间戳，能够确保车联网数据安全，避免攻击者通过向数据平台植入大量“脏数据”的方式，使数据服务被阻塞。

### 4. 共识机制

由于区块链利用与用户公钥挂钩的标识辨认用户身份，不需要采用传统的第三方认证中心颁发数字证书。在整个车联网上运行共识算法，可以建立网络中所有可信任节点的共识，间接实现节点之间的信任。车联网用户只需要公开地址而不是真实身份，就能做到让数据的传输避免与真实身份挂钩，从而很好地保护用户隐私。

## 5.4 资产激活：让车主共享便利，让企业服务更好

汽车，无疑是当代人除房产之外最重视的家庭或个人资产，如何激活这一资产，是车联网承载的重要任务。使用区块链打造车联网，不但能够为车主提供共享化的便利，更能够让企业与企业、企业与个人、个人与个人之间，通过智能汽车节点进行更好的连接，将有形与无形的资产融入更广泛的物联网，从而确保社会与个人财富的高效使用。

### 5.4.1 汽车金融服务便利

要想让汽车在个人拥有者手中成为更容易被激活的良性资产，服务链必须尽量缩短而高效。在这方面，区块链车联网的建立与应用迫在眉睫，以期提升企业为车辆保有者提供的服务水平。

在应用车联网区块链技术之前，汽车生产商必须等待数周甚至数个月，才能从经销商那里拿到车辆的款项，整个回款周期跨度长、手续烦琐，各种清单、信誉证件、银行文书等也会延伸财务周期。这种多条件的制约模式，客观上也成了用户激活车辆资产的阻碍。

在区块链体系中，由于信息具有高透明度，能够缩短出口、销售和银行文件之间的处置流程，能够安全、合理地将原本需要等很久的提车时间，减少到数小时甚至数分钟。这样，客户就能以最快的速度将其现金转换成汽车资产，享受这一资产带来的便利。

利用区块链打造资产供给链体系时，除了让消费者获益外，也能让各企业从中获益。汽车主机厂利用区块链向供应商传送票据，在获得利差支出的同时，也能将收益通过票据传送给每级供应商，确保所有参与供应的

企业实现共赢。因此，不只是处于汽车资产供应链末端的企业愿意采用这种形式获取融资、延长账期，其中的每级供应商都希望借此获利，并取得传递凭证带来的收益，从而让本企业所拥有的生产制造资产产生更大效用。

### 5.4.2 汽车数据服务便利

在车联网时代，汽车与驾驶数据将是挖掘人们生活方式和消费偏好的信息依据，因此非常宝贵。如果不利用高级数据加密、严格授权举措与便利快捷的服务，汽车数据资产就难以变现，无法让企业从中获利，也难以让个人有所收益。

此外，车辆数据的所有权存在很大争议。毫无疑问，大部分汽车生产企业会在智能汽车内安装收集车辆数据的装置，但车主也可以主张车辆数据属于个人隐私，其资源拥有权属于个人。因此，必须从机制上确保数据服务的法律责任清晰、明确。

利用区块链与车联网的结合，能够在很好地解决上述问题的基础上，提高数据服务水准。

车主驾驶车辆出行，在整个过程中产生的数据，常被智能导航软件用来推送广告，车主却并没有得到任何回报。那么，用户自身资产得不到激活，也就没有动力提供相关数据。

在区块链车联网平台的解决方案中，通过车内数据上链并加密，保证车主完全拥有数据所有权，可以自行选择数据交易，获得代币奖励。作为回报，他们能够获得更为精确和低廉的服务。这样，企业虽然付出了一定奖励成本，但能够获得大量数据，借以向客户提供更加优质的数据资产服务。

### 5.4.3 汽车资产激活

人们对于车联网普遍存在认知误区：伴随技术发展，汽车电气化水平将越来越高，由于汽车本身都能联网，只要将大量传感器、控制器安装到车上，汽车的数据采集才会非常简便并实现自动化。然而，对于大多数普通驾驶者来说，在其家庭、单位所保有的现役车辆上，并没有配置高精度内置传感器，也不具备联网的可能。如果不激活原有汽车资产，就会导致现有的汽车数据采集、传输与存储方案效用不高、覆盖面不够全面。

利用区块链的数据流通功能，服务商可以将出行业务引导到区块链生态系统中，为数据的采集与传输提供硬件基础，既能确保数据采集的实时性与准确性，也能激活客户原有的汽车资产。

在区块链平台中，服务商与车联网智能硬件公司合作，对客户的原有车辆进行改装，包括电瓶、车钥匙、车辆健康监测器、车充、倒车影像等，可以采集数十个维度的数据。在区块链技术的支持下，智能硬件公司只需要确保硬件质量，不需要考虑车辆与网络的兼容性，客户原有的车辆资产无疑获得了新的价值。

### 5.4.4 区块链应用案例

CarBlock 是全世界第一个基于现有业务发展的交通领域区块链。这个服务平台着力于激活客户的交通资产，促成智能汽车生态中每家企业提供更好的服务。目前，这个平台已经打造出下列资产服务场景。

#### 1. 共享租车

CarBlock 利用区块链技术和车联网智能硬件，对数据加以收集。在保证租车方的隐私信息不被泄露的同时，能够让出租方及时了解车辆的使用情况，避免在共享租车的过程中，不同方产生矛盾、权责不清，造成财产损失。这个服务场景极大优化了汽车资产租借使用的体验、安全与效率。

### 2. 汽车保险

在 CarBlock 的平台上，车险机构通过车联网，对数据保费模型进行个性化优化，向用户提供基于其驾驶历史和习惯的保险产品，而并非千篇一律地根据车龄与出险情况计算保费。在企业更加精确地运作资产的同时，车主也能通过授权车辆信息，得到优惠的保险条款或者更加安全、翔实的驾驶行为分析报告。这样的情况分析能够帮助车主避免遭受资产损失，并由此获益。

### 3. 车辆维修和保养

车辆必须通过维修、保养，才能延长其使用价值。CarBlock 已经与美国汽车 O2O 维修服务商合作，利用车联网为用户提供汽车维修与保养服务。

在区块链支持下，汽车维修点可以通过智能合约，对一定范围内的特殊车况进行数据订阅，建立精准的获客渠道。例如，即便在特殊交通或天气情况下，一旦通过专有渠道获取信息，智能合约即可生效，由维修点派出合适的修车师傅，携带合适的工具执行维修。同时，区块链技术也能保证用户在车辆遇到特殊状况时，通过手机等智能终端随时上链获得服务商信息，并通过车辆数据授权以及通证结算，获得更优质、便利的资产服务。

### 4. 车况报告与二手车交易

由于区块链技术使数据具有无法改变的特性，CarBlock 能够提供独有、真实的车辆资产数据报告，这种报告成为二手车资产交易市场最重要的数据支持材料。买卖双方能够根据数据与智能合约，得到更加合理的二手车资产交易报价，并确保交易流程的安全，规范整个二手车资产交易行为。

在车联网与区块链结合提供资产服务的“征途”中，CarBlock 是先行者，发掘了区块链让互联网体现新意义与新价值。这样的尝试告诉人们，每个人不仅应该拥有数字身份与数据资产，还应该运用它们，将之融入合适的资产运作中。

## 5.5 风口来袭：车联网与物联网的绝好机遇

在互联网的飞速发展中，联网化、数据化和电子化，对汽车工业及周边行业带来革命性的变化。在不断推陈出新的同时，区块链技术带来了强劲的风口，为车联网与物联网的发展创造了良好机遇。

### 5.5.1 当物联网遇上区块链

严格来说，车联网属于物联网的一种。要想了解区块链能为它们带来怎样的风口，就要看懂物联网的历史与未来。早在十几年前，物联网的概念就被提出来了，并曾经历过火热与冷淡，此时正走向发展的上升期。由于经历过时间的积淀与市场的震荡，物联网越来越走向成熟，其中有赖于区块链技术为之提供的基础层面的技术支持。

从宏观层面看，物联网涵盖了交通、金融、贸易等行业，包括智慧城市、智慧医疗、车联网等，这些领域在今天已经密不可分；从微观层面看，固定的传感器、车辆上移动的传感器，几乎囊括了任何能够相互通信的设备。因此，当车联网遇上区块链时，物联网也不容错过机会。

在区块链带来的希望面前，交通物联网设备与应用的整个生命周期无疑得到了极大延长，并获得了拓展新市场的可能性。借助区块链的技术优势，交通物联网能在多领域实现数据可靠、安全地加密传输及存储，并能及时发现与恢复数据篡改。同时，又能在区块链的催生下，产生新型的分布式计算、群智感知等技术，从而促进交通物联网内部节点的相互协调，实现对数据的权限与隐私管理。因此，区块链技术必然在交通物联网的多种应用上发挥更大作用。

### 5.5.2 车联网成长的新动力

智能汽车概念的提出，加上交通物联网硬件设备的高速发展，让车联网概念变得触手可及。在不断成长中，车联网正在逐步通过与区块链技术的结合，形成多方合作生态，并成为影响交通行业、汽车工业以及周边行业的关键因素。

就目前来看，车联网、物联网成长的重大风口来自区块链与大数据之间的结合，对原有数据制约瓶颈的打破。之前，无论是车联网还是物联网，其发展中最主要的阻碍在于数据拥有者、采集者与需求者之间的关系壁垒。这三者始终缺乏共识，在利益关系上难以得到平衡。数据拥有者无法确保安全、完善的隐私保护和直接收益，从而根本没有动力参与联网建设，而采集者与需求者之间的合作与供应关系也随之难以建立。

区块链不仅能够很好地解决上述问题，其工作场景与车联网络也有很多相似之处。区块链所服务的对等网络和车联网络在结构与形式上，都具有节点数目多、节点加入和退出频繁、节点之间的数据发送采取广播式通信等特点。正因如此，将区块链技术作为基础，结合物联网与大数据的成熟，能够为车联网带来强大的成长动力。

### 5.5.3 车联网的新机遇

车联网发展的新机遇，在于其与广义物联网、区块链形成的“三角合作关系”。这种新型的关系将打造新的应用场景，为整个智能交通带来火花，并引发新一轮的变革。

目前，国内外对车联网的研究大多基于车载自组织网络，这个网络主要实现车与车的直接通信。为了能够实现网络均衡负载，避免由于路测单元的负荷过大，引发单点故障，进而导致整个物联网系统运行故障，车与车通信越来越倾向于在一定的程度上实现直接链接。

由于区块链中的各个节点主要通过分布式共识机制进行自我维护，并共同对网络中的交易加以审核，当信息通过审核，就能被写入区块并获得确认，同时无法再更改或删除。因此，在未来的车联网中，车辆节点完全可以利用区块链，使用合适的分布式共识机制，完成网络的自组织与维护。

可以预见，在未来的车联网中，车牌将作为全网内唯一标识。经过标志密码算法等合适的密码算法，能够满足用户迅速认证身份的需求，也确保了车辆之间进行信息共享的私密性。

推动三者相互融合的另一场景，来自车险理赔业务。伴随 GPS、北斗技术与物联网技术的结合推进，每辆车都能够被准确定位在一个经纬度上，而参与车联网的车辆也可以像区块链网络中的数据那样，被完美追踪。因此，无论是与车联网相关的物联网传感器、监测器，还是车联网系统中的每辆车，都能够被看作一个节点，每个节点都有其唯一标识。

建立起这样的物联网与车联网后，在车险理赔中，一旦发生交通事故，区块中的每个节点都能够准确记录事故车辆，包括详细位置信息、时间戳等，这样就能实现快速有效的事故责任认定，并提高理赔效率、保障各方的合法权益。可以想象，当这个应用场景成熟后，会有越来越多的车主出于资产避险而主动选择加入车联网、物联网，由此，区块链所能创造的联网价值将越来越大。

## 案例：区块链：车联网在中国

据统计，中国的汽车后市场规模正处于逐年扩大中。2014 年，市场规模达到 6000 亿元；2015 年，市场产值达到 8000 亿元；2018 年，这个数字将要突破万亿元大关。毫无疑义，中国汽车后市场即将全面进入车联网时代，车联网、大数据、区块链的进一步结合，不但能够开创众多智能交通应用，创造新的汽车生活方式，还能进一步催生诸多新的商业模式。

2018 年 2 月，国内知名车联网运营商驾图，推出一款基于区块链技术升级的车联网产品——驾图盒子蜜糖版，并启动了名为“蜜糖计划”的区块链项目。

驾图盒子本身就具有相当强大的车联网功能。该产品通过 OBD 接口，对驾驶员的驾驶习惯、故障情况、油耗情况、车辆保养、整车状态等进行实时监控，并对驾驶员的驾驶行为进行优化。这样，不仅能够便于车主及时控制油耗、了解车辆保养所需费用，还保障了乘车人的人身安全。当车辆处于停放状态时，盒子中的内置数据追踪功能可以及时向用户手机终端 AOO 发出警报，从而帮助用户减少甚至避免损失。

在“蜜糖计划”中，驾图不仅能够提供上述车联网数据功能，还可以通过蜜糖盒子的区块链技术，对用户的行驶数据进行统计，并利用大数据、人工智能技术，对这些数据加以分析和处理。作为回报，车主能够加入区块链激励机制，根据每日车辆的驾驶行为数据，获取对应的积分奖励。

在这个计划中，每台接入互联网的车辆，就如同区块链上的一台“矿机”。车主不但能够利用驾图盒子带来的车联网功能，如车辆定位、车况检测、用车报告、历史轨迹等，还可以在开车的同时实现“挖矿”，驾驶里程越多、驾驶行为越好，所获得的奖励积分就越多。这些积分除了能够用于兑换奖品之外，还有可能随着驾图合作伙伴队伍的扩大，与金融服务等领域进行深度融合，甚至可能打造出基于互联网与区块链技术的虚拟支付系统。

在加入这个计划之后，每辆车都将通过上链，成为区块链车联网中的节点，获得现场锁定、相互证明以及智能合约三大功能。例如，当发生事故时，盒子能够做到对现场进行实时锁定，从而100%现场还原，不可篡改，绝对可信。与此同时，区块链技术还能够利用附近加入驾图车联网的汽车、公路摄像头等监控系统进行调取，从而形成联合作证功能。另外，智能合约功能也将不断成熟，为事故处理、保险服务乃至未来的缴税服务提供更多便利。

目前，驾图车联网依然是国内最大的车联网大数据运营商之一，“蜜糖盒子”的推出只是国内车联网与区块链结合的新切入点。在有人“第一个吃螃蟹”之后，相信会有更多的企业进入车联网与区块链的深入融合领域，开展不同角度的探索和尝试，真正打造出车联网、大数据、区块链技术完美的应用方案，最终构建全国最大的车联网与区块链的可持续发展新生态体系。

# 第六章
# 更通畅低碳：
## 政府监管与绿色交通

当下，生态文明建设意识已经融入交通运输发展的全过程。各级政府不再只以GDP贡献看待交通行业的成绩，而是期待全社会努力建设更为绿色环保、更为通畅和谐的新交通图景。从这个目标出发，区块链技术将首先在低碳交通方面加以突破。

低碳交通是指以降低交通运输行为的温室气体排放为目标的低能耗、低排放的交通运输方式，是低碳经济在交通领域的一种实现方式。过去，实现低碳交通面临种种难题；今天，区块链技术将对之逐一破解。

## 6.1 交通秩序改善：让城市不再拥堵

由于历史与现实原因，我国的城市交通普遍存在交通秩序混乱、交通拥堵以及交通事故多发等问题，各地方政府的规划、建设与管理部门，都在积极寻找良策对此予以改善。在交通的有序、安全和畅通中，秩序的改善是基础，只有做到交通有序，才能破解拥堵与事故多发的成因。

### 6.1.1 交通秩序混乱的表现与成因

交通秩序混乱，主要表现为非机动车、行人违法横穿；交通参与者不遵守交通标志、标线和信号灯；混合交通条件下，机动车与非机动车混合行驶，争道抢行、逆向行驶；机动车超速行驶；机动车乱停车等问题。

造成交通秩序混乱，其原因包括主观和客观两方面。主观上，交通参与者的守法意识、文明意识不足；客观上，道路基础设施的规划、建设和管理等方面存在理念与方法的错位，如停车位规划失衡、车道设计欠缺、红绿灯信号设计不合理等。

### 6.1.2 交通秩序治理与区块链

从根本上看，交通需求、供给、参与者特征与治理水平，是改善城市交通秩序的 4 个核心要素。单纯增加交通供给或加大惩罚力度，只能从表面上改善短期交通状况，如果供需不平衡、不匹配的问题不解决，城市交通秩序就无法得到全面治理，低碳交通也无法实现。利用区块链、大数据、物联网等技术，构建系统的顶层智能交通综合管控平台，将道路和出行等交通资源与需求对接，实现人与车、车与车之间的深度交互联动，才是城市根治拥堵的正确方法。

**首先，智能交通综合管控体系应建立统一的平台，并借助区块链技术，整合国土、规划、发改、住建、民政等具体业务部门，建立分布式数据库。**这个数据库建成后，在实际操作层面由统一的顶层部门从逻辑上加以整合，确保数据可信而真实，从物理上打破离散、打破信息数据的孤岛效应。

虽然在政府管理层面建立这样的区块链数据库需要逐步推进，但建成之后，城市交通的管理者能够对各种运输数据掌握得更加详细、准确、及时，对不同的风险能够更有效地控制和应对。此外，顶层智能交通还能将区块链与物联网技术、云计算、大数据技术加以结合，使不同环节相互供需调节策略与改善变得更加科学、可靠。

**其次，以区块链技术搭建可靠的智能交通基础设施。**传统的交通监控设备主要关注路面交通状况，无法利用区块链技术对电气元件的可追溯功能，确保不同交通领域监控检测设备元件质量的可控性与兼容性。这样的感知水平，导致整个监控系统无法将人、车、路与环境作为整体看待。由于数据传递不足，导致出现交通秩序问题。

利用区块链的可追溯能力，能够保证不同部门的交通信号与监控设备之间互相参考并了解性能特征、历史数据，从而顺利完成系统的搭建。在区块链技术支持基础上，实现多区域交通信号的联网覆盖，完成城市点、线、面交通路段信号区域的协调控制后，继而进一步完善信息集成子系统，随后推动区域性，乃至全国性综合系统集成与应用，从而提高管理效率与水平。

**最后，通过建立与推广区块链在车联网、个人征信等领域的普遍应用，同样能够改变出行者个人行为的倾向性，强化他们的交通秩序意识。**

### 6.1.3 区块链应用案例

在传统的交通秩序管理流程中，交警只有先获取交通拥堵信息，才能改善秩序。而交警获取交通拥堵信息的来源有两种：视频监控或车主报警。由于两种方式都是以人工观察为主，因此整体效率较低，缺乏即时性，很容易产生拥堵现象。

在区块链智能交通管控环境中，这种现象得到了有效改善。以贵阳为例，2018 年，通过智能交通管控平台，贵阳各区的交警能够随时观看实时路况，第一时间发现拥堵路口后，通过区块链技术将拥堵信息上报到指挥调度系统、信号系统，并由系统提供解决方案、支持决策。使用这个平台后的统计数据显示，拥堵时间从 20 分钟缩减到 5 分钟，交警响应时间缩短了 75%。

在这个智能交通管理系统进入贵阳之前，由于贵阳老城区四面环山、土地资源紧张和偏低的路网密度，堵车在这里是家常便饭。而智能交通管理系统投入使用之后，贵阳主干道的停车次数下降了 35%，排队拥堵时间缩短了 27%。值得一提的是，交通管理系统也为维护社会治安做出积极贡献，上万个摄像头组成的视频监控系统，在短短一年内，为警方提供了 6697 条破案线索，处理了交通违法 410 万条。

## 6.2 交通安全管理：合理规划，降低伤亡

伴随交通现代化程度逐渐提高，全世界由于道路交通事故死亡的人数也在逐年增加。道路交通安全问题，已经成为全球性问题，并表现出恶化趋势。幸运的是，利用综合应用基础设施，将区块链等信息和通信技术作为主要基础打造新一代智能交通系统，能够带来独特的优势，从而有效改善交通安全管理情况。

### 6.2.1 智能交通安全管理系统

在设计与操作交通安全管理系统过程中，必须对人、车和路综合考虑，

充分思考人在身体、心理与生理等方面的弱点，预先判断其在接受与处理信息过程中可能犯的错误。因此，智能交通安全管理系统将自动化的交通基础设施作为基础，以物联网、大数据传输等先进的信息与通信技术为前提，对交通信息进行高效采集，对交通对象进行交互与智能化的控制管理，从而使交通主体之间的联系不断加强，有效提高交通系统的运行效率，降低发生交通事故的概率。

### 6.2.2 区块链技术改善交通安全的优势

区块链是一种分散的电子加密分布式账本技术，能够支持记录和跟踪交通系统中各主体之间发生的相关事件和交易，任何一方都不能单独修改或删除。区块链技术在改善交通安全的管理应用上，主要具备以下优势。

#### 1. 事故预防

事故预防是针对长期的道路交通事故采取的预防措施。例如，通过常见的驾驶员和车辆管理、道路交通安全教育等措施，针对“人”可能出现的错误，对整个道路交通状况进行改善。

利用区块链技术，可以将多方提供的道路交通事故统计数据按照时间顺序上传和共享。随着数据的逐年累积与不可更改，使得相关的研究成为可能。同时，还能够利用道路交通事故的数据报告，将区块链技术与数据分析充分结合，将不同的性能数据记录与保存，由于时间戳技术能够将这些数据与其他信息打包，创建出不可更改或不可变的记录，这些记录与链上所有内容绑在一起，就能看作起到了公证作用，确保为事故预防提供有效数据的支持。

#### 2. 事故预警

从政府公共管理角色的职责来看，事故预警指的是针对交通安全隐患与道路交通事故，提前检查发现危险，并向驾驶员发出预警信息。在这个领域中，区块链技术具有很大的潜力，驾驶员可以通过区块链数据平台共享不同行政部门、不同地区的数据，获得敏感的天气、社会、道路等交通预警信息。同时，政府部门也可以使用权加密、分散的区块链分类式账本技术，对访问本单位本地区的交通预警信息进行授权。这样，驾驶员就能采取与之对应的措施，降低事故发生的风险。

#### 3. 事故救援

发生事故时，如果能够及时采取有效的医疗救助，就能降低交通事故的伤亡率。区块链技术能够将有关道路交通事故的发生位置及伤员情况等信息及时共享给救援部门。例如，通过区块链上提前建立的电子病历、保险智能合约等，帮助救援队伍在第一时间就能从区块链网络上获取病患的详细生理特征、病史记录、保险信息、住址等，从而更加全面地做好准备。此外，利用区块链技术进行规划，还能够制订出合理的救援路线与方案，迅速向有关车辆发布信息，从而在救援之后确保道路能够在最短时间内恢复到正常状态，减少发生二次事故的可能性。

### 6.2.3 区块链应用案例

城市中大量轻微交通事故并不需要交警到场就能协商解决，既节约了事故方的宝贵时间，又避免了交通堵塞引起的二次事故。人们虽然知道这一点，但之所以选择报警，通常还是源自对事故中另一方的不信任。

如何让交通事故更快地得到处理？区块链最大的特点之一就是数据不可更改性，这恰恰为此提供了重要支持。交通事故寻找证人、对责任界定等，都可以采用区块链技术进行高效解决。此外，如果将物联网与区块链相结合，还有可能让交通事故的解决过程发生革命性变化，处理时间可能缩短到几分钟甚至几秒钟。例如，通过在车上安装芯片、喷漆，或者在汽车上使用具有记忆功能的金属，这些物理数据上传点的状态一旦改变，就通过车载计算机实时上传到链上，同时数据无法更改。

基于这样的数据记录，交通事故的责任界定和处理会非常迅速。结合区块链的智能合约，根据改变后的数据状态，由程序对事故进行自动分析，并得出责任界定，随后执行保险合同，在不需要警察到场的情况下完成赔付判定和转账执行。

相比上述场景，区块链技术还能应用于无人驾驶交通安全监管。从无人驾驶技术进入实验阶段之后，大众对无人驾驶的安全性始终持有疑问，其发展程度虽然体现了人工智能技术能力的提升，但更需要政府监管部门向社会做出解释：自动驾驶汽车是否比人工驾驶汽车更安全。

2018 年 4 月，全球最大的共享出租车公司 Uber 遭遇事故，其一辆自动驾驶汽车在亚利桑那州坦佩市撞死了一名路人。警方公布的视频显示，在发生事故之前，受害人在该自动驾驶汽车前方清晰可见，但这辆 SUV 汽车的激光雷达并没有发现受害者。正因如此，这次事故增强了公众的担忧——人们对交通管理机构的执行能力表示担忧。

实际上，自动驾驶技术包含了高度灵敏的摄像头与传感器，还具备人工智能与机器学习方面的最新技术，但目前还不够完善，在精度、速度与一致性上需要改进。从区块链的角度来看，这种技术能够确保数据不被操纵，利用透明与分散式账本对数据进行验证与存储，因此，区块链应用于无人驾驶汽车，不仅可以保证用户的个人数据安全，还能够确保交通管理部门的工作效率。

## 6.3 低碳交通规划：绿色出行不是梦

区块链技术从来不缺乏追随者，打出颠覆旗号的项目也不在少数。

然而，没有一个真正的应用比起低碳交通更具有可行性。低碳交通规划的目标，并非以区块链技术的应用取代原有的某个行业，而是要真正依靠这个技术实现对绿色出行的回归，拯救人类与地球的未来。

### 6.3.1 什么是低碳交通

由于全球气候变暖，雾霾与极端气候现象成为亟待解决的环境问题。如果不加以积极应对，人类的后代有极大的可能遭遇气候变暖所产生的种种危害，并付出惨重代价。

低碳交通，是指在交通运输行为中，以降低温室气体排放为目标而采取低能耗、低排放的交通运输方式，是低碳经济在交通领域中的实现。由于改变的重点在于行为方式，因此，从消费角度而言，在个人日常交通出行中，需要倡导将传统动力的汽车置换为新能源汽车，或进一步更改为步行、骑自行车等非机动交通行为；从交通管理的角度而言，需要通过提高运输生产力、优化交通运输资源配置的综合运输体系构建，进而提高运输组织效率，提高运输工具效能。

围绕上述要求，低碳交通模式的原则如下。

#### 1. 公交优先

在交通需求量固定的情况下，低碳交通规划需要提倡发展公共交通，提高公交分担率，从而抑制机动车辆的总数量上升。

#### 2. 慢速交通优先原则

在能够满足居民出行需求的前提下，低碳交通鼓励市民选择步行、骑自行车等慢速交通方式，并降低温室气体排放。

3. 减少交通需求

通过对土地的合理利用，对城市生态的合理规划，减少交通需求量，降低城市交通所消耗的能源，减少温室气体的排放量。

### 6.3.2 低碳交通与区块链

从全世界范围来看，由于地球上任何一处所产生的碳排放，都能够带来同样的温室效应。因此，无论大到国家、城市，还是小到个人，都需要相互之间建立共同减排的认识，避免陷入道德风险的困境，这个共识的前提，就是必须具备公开透明的减排量化机制。只有具备真正科学的减排量化机制，才能确保公平与可信任，确保减排方案能得到真正的执行。

鉴于此，低碳交通的减排量化机制，无论掌握在任何机构手中，都可能因为其他利益相关群体的不信任而难以真正推行。区块链技术正是解决这个痛点的最好方案，能够使得减排量机制经过确定并上链后，因为数据不可篡改的特性而无法改变，使得每个人的减排量都能得到周围所有人、社会组织、政府监管部门的认同。

例如，在以区块链为基础的低碳交通应用场景中，个人可以通过低碳行为进行“挖矿”，包括步行短途出门、公交地铁出行、骑车上下班等低碳交通行为，均能通过手机终端的记载，以不可篡改的数据形式上传到区块链数据库。这样，就大大降低了参与低碳交通的成本，使个人获利。

也就是说，将区块链用于低碳交通，个人低碳行为产生的减排量能够获取代币，其本身属于创造出的碳资产，能够用于传统资源减排市场，从而打造出了真正的金融价值。

### 6.3.3 区块链应用技术原理

未来，在政府主导的低碳交通规划中，区块链技术将找到发挥能力的重要空间。其技术原理如下。

#### 1. 建立个人减排底层标准

作为低碳交通、绿色出行的倡导者与规划者，政府应联合有关社会组织、企业协会，建立个人减排底层标准。这种标准应包括对个人低碳交通行为的基本规则，成为整个低碳交通量化体系的底层架构，其中包括量化原则、排放标准选取原则、排放数据监测报告验证要求、区块链通证分发规则等，核心是个人低碳交通行为的量化原则。所有规则在确定之后，都将以智能合约的形式在区块链上建立。

#### 2. 推行个人交通减排方法学

个人交通减排方法学，是基于上述标准基础上的具体的低碳交通减排的量化方法学，其中包括低碳出行、购买低碳交通服务等。这个方法学通过在区块链上向全球开放，能够允许政府部门、企业机构与所有出行者参加。基于个人减排方法学所开发的指南，能够帮助出行者实现在出行中的“挖矿”。

#### 3. 数据上链

由于运行效率和数据的复杂性，低碳交通项目需要将关键信息上传到区块链，其中包括低碳行为数据、减排量、通证以及所有低碳服务或产品的信息，这些信息可以安全保管。

# 6.4 交通环境保护：人与自然能和谐相处

一百多年前，汽车的发明改变了世界。在提高了人类生产生活效率的同时，汽车长期的使用与发展历史，也带来了交通环境问题。由于这个问题越来越严重，导致传统燃油汽车深受诟病，以致 2015 年出现了“大众汽车排放门”造假事件。

传统的交通模式已然走向了尽头，在提高交通效率与环境保护之间，产生了看似不可调和的矛盾。解决这个矛盾、让人与自然能和谐相处，这样的历史重任，落在了区块链技术的肩膀上。

## 6.4.1 交通环保与物联网的关键问题

毫无疑问，信息技术在整个交通环保领域的应用中，已经发挥了重大作用，包括污染源测量监控、交通 PM2.5 监测等，这些技术能够使得政府更加清楚交通环境状况。但在新的环保时代，必须着力解决物联网的以下重要问题。

### 1. 监控手段

在交通环境业务监管层，不同程度存在末端监控效率低下、监控手段单一等问题。一些污染排放的企业，会通过数据造假等方式，上传错误数据。鉴于此，从推广监控设备与手段的角度来看，政府、企业和出行者之间暂时没有找到很好的监管模式平衡点。

### 2. 数据利用

交通环保牵涉多个行政部门，在行政管理层面上存在着断裂化、孤岛化的现象。虽然目前的环保物联网能够获取大量数据，但对数据的关联性与意义的挖掘与梳理手段不足、深度不够，导致数据不易整合，无法充分发挥价值、获得利用。

#### 3. 社会服务性不强

虽然交通环保状况与每个人的生活息息相关，但该领域目前对物联网数据的利用存在诸多问题，集中表现在公开信息较少、渠道单一、个性化服务价值不足等问题。民众迫切希望了解交通环境的真实情况，但由于各种限制因素，如对数据隐私性的要求等，无法做到完全的开放。

出于上述原因，政府在推进交通环保结合物联网技术的过程中，面临新的挑战。其中主要问题：环保交通要素复杂，如何面对广泛关联，建立统一明确的环保物联网系统架构？环保物联网本身处于刚建立阶段，如何打造能够复制并推广的国家、省、市（县）三级环保物联网协同体系？如何通过环保大数据的融合利用，对相关数据价值进行充分挖掘？如何确保安全可靠地对环保信息进行共享，并确保数据分析过程的准确？

答案很明确：解决这些问题的途径，在于区块链。

### 6.4.2 交通环保与区块链技术融合

在交通环保现有物联网基础上，如果叠加区块链技术，就能解决大量实际问题。

**首先，能够确保交通环保物联网类的设备身份可信任、数据不被篡改；其次，政府既能够尊重企业、机构与个人的隐私，又能将有利于交通环保的一切环节连接起来。**由于区块链技术的特性能够确保任何流程链条中的每步都被记录而不被篡改，因此，在交通环保领域的资金流转、制造生产、运输配送、污染排放、使用回收中，就能有效监控每个环节中可能发生的不利因素或数据，从而考量是否能够有效避免或者降低，并进一步形成有效的解决方案。

例如，政府推荐消费者购买符合环保标准的新能源交通工具，但这些工具的相关信息，消费者往往无法直接获取并验证。由于交通工具在到达销售终端之前，会经过多次转手，其中原材料、配件以及工艺标准，是否真正符合环保标准，难以做到透明化。区块链可追踪产品从制造商到市场的全过程，更好地了解产品的设计、制造和运输，以便他们能够做出更环保的选择。

又如，在目前的交通系统中，不同的交通工具或服务对环境造成的影响难以准确计算，其碳排放量也无法被纳入价格考量。因此，消费者购买低碳交通服务或工具的动机相对偏弱，企业也没有足够的利益动机去研发和出售这类产品。但使用区块链跟踪不同服务的碳排放足迹，并保护这些数据免遭篡改，就能确定在销售中向消费者收取的碳排放税金额。这样，政府就能做到鼓励销售者购买更环保的产品，并鼓励交通工具或服务企业重组供应链，以满足市场对低排放税产品与服务的需求。

另外，基于区块链的声誉系统，还能够根据企业提供产品或服务的碳排放足迹，为不同公司和产品对交通环保所做出的贡献，打出具体分数。分数的评判内容，包括交通制造或服务企业的排放量、企业符合环境标准的历史等。企业和个人都能够采取行动，积极上传和分享数据信息，以便政府建立评价系统、定期公布分数，使企业从重视自身品牌美誉度出发，更为重视环保标准。

### 6.4.3 区块链应用案例

2017 年 6 月 11 日，在北京市发改委联合北京环境交易所等单位，共同启动了“我自愿每周再少开一天车”活动。该活动利用区块链技术，对车主的交通行为数据进行统计、上传与共享。

参加活动的车主，需要扫码关注北京市机动车自愿减排交易平台。

注册之后，车主在停驶前后拍摄并上传车辆里程表。平台将车辆平均里程、不同排量车辆每公里二氧化碳排放量、早晚高峰车辆排放水平进行综合考量，核算出不同排量车辆的平均碳减排量。这些数据经过区块链技术处理，能够做到无法篡改，确保安全可信。随后，平台结合北京碳排放交易市场配额的平均价格，测算出不同车主各自停驶汽车一天的碳减排收益，再以红包的形式向车主发放。

此外，参与活动的车主，由于加入了减排区块链，每天都能够获得 1 枚代币。结合空气污染严重程度，还能够分别获得 2 枚、4 枚、6 枚、10 枚不等的代币。这些代币能够用来享受兑换权益，兑换产品包括共享单车骑行券等优惠券、充值卡或其他实物奖品。

通过这个上链项目，碳排放交易得以从原有重点针对企业，转而向公众交通行为进行覆盖，不仅能够让更多人感受到节能减排带来的收益，也能改善交通环境，成为区块链技术与交通环保的有益尝试。

## 6.5 交通人员管理：真实性认证与信任构建

当今人员身份管理与认证是一个具有挑战性的重要任务，区块链技术在交通行业中的应用，不仅为车辆生产者、提供者和使用者带来便利，也为政府对交通人员的管理方式带来全新的开端。

### 6.5.1 交通人员身份管理现状

2017 年，一桩社会新闻引起了区块链技术研究者与从业者的重视：来自西安市的车主程先生，在驾车途中被交警拦下，他经过了解，得知自己的驾驶证居然已经被扣了 57 分。经过核实了解，程先生的驾驶证曾在 2016 年 11 月丢失，虽然随后进行了补办，但他还是怀疑有人冒用其驾驶证，处理了交通违法，导致被严重扣分。

程先生的遭遇虽然只是个例，但暴露了传统体制下对交通人员管理手段的不足。从全球范围来看，各国政府当前对交通人员的身份管理模式大致相似：驾驶者需要考试并领取驾照，管理者依靠执法证件，出行者则凭借身份证件购票……这样的管理模式延续数十年，在当今的信息时代既低效又不方便，政府部门对交通人员身份的管理系统分裂为不同的版本，这些版本相互功能重叠甚至矛盾，无法相互确保与印证，难以从其中一版本确保另一版本的真实性。另一方面，当民众从自身需求出发试图获取公共服务时，又会重复提交或使用这些身份信息，导致对信息使用的浪费。此外，由于传统身份管理系统的漏洞在所难免，很容易发生假冒、遗失、篡改个人信息的现象。

### 6.5.2 区块链身份认证机制

由于区块链技术能够确保信息的真实性，易于建立适合保护个人身份信息的共识机制。政府机构需要运用这个技术，建立并维护交通人员身份认证机制。从区块链技术对智能交通系统产生的重大影响来看，如果系统使用者只能在链上拥有匿名地址，而无法证明自己的真实身份，那么就会将生活中“证明你是自己”的悖论问题转移到网上，导致应用场景的狭窄化。因此，区块链融入智能交通，离不开身份认证机制的建立。

以驾照信息的真实性认证与信任构建为例，经验证过的驾照信息，通过加密后成为区块，确保了身份信息隐私不被泄露。更主要的是，由于在区块链上变更数据需要得到每个其他区块节点的认同，因此想要冒用区块链驾照信息，或者进行修改、伪造，其技术能力和违法代价将会非常高。这样，区块链就完成了对驾照与真实身份之间信任联系的构建。

将生物识别技术与区块链结合，也能够充分提高交通人员身份认证的准确度。实际上，传统的生物识别方法已经有效确保了身份信息的真实性，但其中心化的信息存储方式，可能会导致信息在上传到服务器中被篡改。如果将交通人员的虹膜、指纹等生物信息通过区块链方式加以信息存储，认证结果的准确性就能进一步提升。

例如，美国区块链创业公司ShoCard推出的身份认证项目，就融合了生物识别技术与区块链技术。该项目将交通证件等信息加密之后，保存在用户的本地终端，再由用户自主将数据指纹保存到区块链。由此，ShoCard就可以生成对应的公钥和密钥，只要在互联网上完成身份验证，就可以授权ShoCard分享身份验证信息，随时随地简化出行时的身份验证流程操作。

另外，通过大数据与区块链的协作，政府也将能根据交通管理需要，对工作人员或普通群众的信息进行登记与管理，如姓名、性别、身份证号等，以及个人特征如婚姻情况、财产情况、信用记录、行政处罚信息等。

由于个人身份具有多重性的特征，一个人在不同的时间段可能具有不同的身份（如交警在工作时间是交通管理人员，工作结束后则是普通出行者），需要大数据的支撑。区块链的可追溯性能够让数据从采集、交易、流通到整理与分析的每步，都完整保存在区块链上，从而使数据能够获得强信任背书的质量，并保证综合分析结果的正确性。

### 6.5.3 区块链应用案例

无论对于出行的服务机构还是交通监管部门，经常需要在服务与管理过程中迫切了解特定出行者的身份与位置。以航空业为例，出行者从预订机票到抵达目的地，会经过多个接触点，包括值机、登机和抵达等不同场景。在此过程中，出行者经常需要使用身份证或护照办理相关手续，导致个人体验和整体效率都难以进一步提升。

**将区块链技术与生物识别技术相结合，能够打造出验证出行者身份的新型技术，为旅客提供身份标识。旅客在接受面部验证、虹膜对比等**

**信息通关出行的同时，可以将个人身份数据储存在区块链的数据库中，从而成为个人身份的唯一验证标志。**通过对数据库的管理与利用，区块链技术能够为出行者提供安全而可追踪的验证方式，同时个人信息也不会遗失、被伪造利用。

2018 年，巴林王国开始尝试借助区块链技术对汽车注册数据进行有效管理。巴林交通总局推出并使用了一项新计划，开始基于区块链对车辆登记系统加以维护，从而降低获取交通人员关键信息的整体成本，提高车辆信息管理效率并确保车辆注册系统中有利益相关者的透明度。

未来，基于区块链技术的交通人员身份管理和识别会变得非常普遍。出行者不需要再提供任何证明文件，每个人都会在政府区块链上拥有独一无二的身份信息，在政府进行管理验证时，只需要登录区块链平台并获得个人授权，就能够进行查阅。

## 案例：交通管理部门如何利用区块链

自 2008 年 IBM 提出“智慧地球”的概念，到 2011 年后物联网、大数据技术开始应用，我国交通管理部门也随着全球技术革新风暴，开始了影响深远的业务变革。作为最新涌现的信息技术，区块链必然在这个背景下，被充分应用在交通管理的实际业务中。

目前，区块链能够在以下领域被交通管理部门利用。

### 1. 与 RFID 技术结合

RFID 技术是基于无线射频识别程序，是自动识别技术的一种。从概念上看，这种技术类似于条码扫描，即将已经编码的条形码附着在目标物上，监管时使用扫描读写器，从而以光信号的方式将信息读取到电脑中。而车辆监管的RFID技术，主要使用专门的读写器与标签，利用无线射频等识别方式，将信息从车辆标签上读取到网络监管平台，从而实现对所有车辆的属性与静态、动态信息的提取与利用，并根据实际交通管理需求，对所有车辆状态进行监控与服务。

目前，RFID技术主要应用于ETC自动收费车辆识别，在引入区块链之后，未来可以通过为公共运营车辆甚至所有私家车建立区块链上的电子车牌，进行车辆识别，方便政府监管部门对车辆进行定位。

### 2. 流量监测技术

交通流量监测技术，主要应用在城市与高速道路交通的数据采集上，以便为调整交通指挥调度的决策提供依据。

在流量监测技术中，视频监测是最重要的手段，除此之外还有地埋式感应线圈、超声波和激光检测器。这些不同的监测设备综合利用了图像处理、模式识别等探测手段，并基于区块链技术，形成监测网络，就能具有价格相对低廉、监测区域广、识别速度快、分析误差率小的优势，能够实现准确的交通参数数据监测功能。

### 3. 事件监测技术

该技术主要应用于城市道路或高速路，在监测器可监控的范围，利用多种先进的图像处理算法、计算机智能优化算法，对视频所采集到的图像进行处理。

引入区块链之后，结合电子车牌、电子身份认证、智能合约等功能，交通管理部门可以对各种交通事件、事故，如火灾、拥堵、逆行、碰撞等情况进行自动检测和监控。同时，通过与其他交通监管设备的联网，可以做到共享数据，实时进行检测、报警、记录、传输、统计和诱导，以便有效地管理道路交通。

### 4. 城市道路交通诱导

城市道路交通诱导，是指在现有的城市道路交通管理的基础上，利用现代信息通信技术，打造静态停车诱导、动态交通信息诱导系统，及时准确地向驾驶者发布实时的交通信息，提供引导服务。

利用区块链技术与大数据技术的结合，能够完善城市道路交通诱导系统。当大数据通过区块链流动时，可以及时将采集到的交通动态信息进行相互验证、综合分析，通过线圈、地磁、微波、卡口与视频数据的互相补充与深度融合，建立涵盖交管业务数据、地理信息数据与互联网交通数据的资源池。例如，在早晚高峰时间节点，城市市区交通压力大增，交通监管部门可以通过实时数据更新，及时掌握高峰期交通流变化，再将路面监管系统和各交巡警支大队反馈的综合信息，在区块链网络中，第一时间合成路面动态数据，以最短的时间传递到各相关交通引导屏。这样，就能够对出行者进行引导，合理优化出行路线，从而有效提高通行效率，保障出行畅通。

### 5. 交通指挥调度系统

指挥调度系统，是交通管理最核心的部分，负责对交通数据信息进行分析处理和数据挖掘，实现信息的交换、共享，从而为交通控制、管理与决策、指挥提供支持。

利用区块链技术完善交通指挥调度系统，能够促使系统前端采集技术与后端智能化分析技术的整合，确保数据传输与处理的速度，为整个系统带来强大的兼容性与扩展性。此外，区块链网络能够依托地理信息系统，对区域内各种交通数据进行实时监测，并通过及时调度，保证道路网交通负荷处于最佳状态。

# 第七章
# 共享与高效：
## 交通资产激活与资本运营

在信息技术高度发展的今天，交通资产早已不是人们脑海中的样子，而是包括了一切与交通、运输、出行及物流有关的有形资产与无形资产。政府部门正确高效地激活并运营这些资产，才能全盘下好交通棋，使人民充分受益、社会高度和谐。区块链技术将在其中扮演重要的角色。

## 7.1 激活交通基础设施，实现“一网联控”

交通基础设施，包括一般公路交通设施、高速公路交通设施、市政道路交通设施、轨道交通设施、停车场设施等。具体可以分为公路、轨道、隧道、高架道路、车站、通风亭、机电设备、供电系统、通信信号、道路标线等设施。

从 20 世纪 90 年代中期以来，我国不断加大对交通基础建设施投资的力度。同时，如何对已有的交通基础设施加以激活，实现“一网联控”，也是值得深入研究的领域，一旦在此方面找到突破口，将有益于国家智能交通建设质量和效率的提升。

### 7.1.1 现有交通基础设施发展瓶颈

长期以来，我国交通基础设施的建设与管理处于多头共治状态，城市规划、道路建设和维护、公共客运、道路交通管理和公共建设、轨道交通等管理职能，分属于建设、公交、公安、交通、铁路等部门。由于各方均有自己的思路和想法，在互联网系统上未能形成有效联网，因此缺少必要的沟通和协作。这种缺乏信息与数据沟通的多头领导体制，对交通基础设施的高效利用形成了客观的阻碍。

更主要的是，在过去进行交通基础设施建设时，人们习惯于追求最优化，希望穷尽交通资源的利用价值。但一个最优化的系统，很可能也是最脆弱的系统，一旦遭受意外冲击就很容易崩溃。再加上气候变化等因素的影响，面临越来越多的自然灾害，以及社会公共事件等，更容易突显交通基础设施的脆弱性。因此，弹性的、一网可控的交通基础设施建设迫在眉睫，在做到系统最优化的同时，还要具备更坚韧、更容易联通与恢复的特性，从而真正激活其价值与效率。

### 7.1.2 交通基础设施的智能化

从 2011 年开始，物联网、大数据、云计算等技术的深度应用，促进了我国交通基础设施的智能化，驱动道路交通运输的管理精准化、服务信息化。在此基础上，交通基础设施运作的新模式、新业态和新应用不断涌现。

目前，我国交通基础设施的智能化发展方向，呈现通信、控制、电子信息技术与基础设施相融合的趋势。在这种趋势下，运用新一代信息技术，提高道路交通基础设施的智能化水平、改善交通安全、提高交通效率成为必然。例如，道路需要具有更高的适应性，更强的自动化。先进的交通感知设备、高速无线通信网，成为交通设施信息化的重要组成部分。交通信息自动实时采集、传输与发布，也是交通基础设施发挥的基础性作用。

未来的交通基础设施，将能够与运载工具、服务系统实现无缝对接，在互联网智能网络环境中，实现各单元、各部分、各子系统之间的数据交换。基础设施系统能够根据实时交通状况、气象条件、流量变化趋势，适应不同的策略措施。

### 7.1.3 区块链与交通基础设施

未来，区块链技术将不断深入交通基础设施的建设和利用，并孕育和产生新的道路交通运输系统。新的交通基础设施将不是独立运行的系统，而是作为道路交通运输系统的一部分，与运载工具、服务系统相互实现数据交换，并能够主动进行各种调节，包括控制策略、限制和诱导措施、运行方式、服务资源优化等。

在区块链技术的数据库中，具体的交通基础设备能够去除不必要的烦琐步骤，直接进入对实时数据动态调整和寻优的过程，具有较高的可靠性、应变性和安全性。例如，通过区块链技术，实现无线通信和传感系统之间的无阻碍联网，形成新一代信息基础设施环境；激活道路设施的交通承载能力，以区块链与车联网技术结合，实现客货分设车道、自主行驶出租车和共享车辆专用泊车设施，还可以在具备监测和引导条件的地点，设立智能汽车专用车道等，从而打造新一代的道路基础设施架构。

总之，在区块链的参与下，新的交通基础设施不仅能够提高路网的承载能力，满足交通需求，还能够实现智能化互联管理，实现整体路网的调度与控制，最大限度地发挥其服务作用。

## 7.2 智能交通体系提升资源配置效率

不可否认，城市化发展的节奏越快，交通资源配置中出现的矛盾就越多。虽然不断增长的交通需求，短期内能够通过追加更多交通资源满足，但限于客观环境，资源规模的增长必然受到限制，这就需要提升资源配置效率，采取追加硬件设施以外的技术方法满足这种需求。智能交通体系与区块链的综合应用，正是实现该目标的重要途径。

### 7.2.1 公共资源配置

目前，我国大量城市的交通特点表现：路网格局不尽合理，在同一个城区中，道路宽窄不一，路况复杂，大量的人流、车流主要依赖于路面交通。尤其是交通枢纽城市，人流、车流量大，对城市公共交通资源带来巨大压力。同时，机动车数量增长迅猛，每年大量投资兴修的道路资源，无法跟上迅速增长的交通需求。

针对复杂的客观条件，智能交通系统的建构与管理工作，应将目标确立在首先能正确、及时、广泛地收集数据信息上，包括交通堵塞、事故、流量变化、路面情况与驾驶员管理、机动车管理、公交运营等。在此基础上，确保提高公共交通资源的配置效率，使得交通管理工作能够具有科学性与主动性，适应不断变化的现实需要。

鉴于此，区块链技术对智能交通系统的支持，主要应通过以下方面面提升资源配置效率。

**1. 加强合作，融合发展**

从宏观上，加强各部门、各领域与各行业之间的合作，包括提高运载工具的自动化水平，打破铁路、公路、航运、航空、物流等领域之间的壁垒，实现融合发展。

**2. 建立区块链数据库**

利用区块链数据库的建设，推动交通运输数据的开放共享，将与公众生活和服务相关的交通运输数据面向全社会开放。为此，政府部门需要积极与有关企业、研究机构深度合作，推进适应区块链技术的数据和应用接口开放共享。

**3. 完善交通基础设施系统**

例如，改变信号控制系统，改变落后的单点控制体系，建立以数据及时全面分享为原则的区域信号控制系统，并能根据交通流量监测结果，对信号系统进行合理配置等。

### 7.2.2 个人资产管理

运用智能交通体系，提升资源配置率，离不开对个人资产的有效管理。政府应给予企业明确的指导方向与优惠政策，鼓励企业利用区块链技术向民众提供先进的资产服务体系。

在竞争激烈的出行市场中，旅客与高速公路、航空公司、铁路或汽车租赁公司的关系非常重要。目前，出行者往往喜欢加入会员俱乐部获取折扣，其中绝大部分是由航空公司或机场提供的。在利用这个制度实现对客户忠诚度提升的过程中，必然牵涉客户个人积分资产兑现与使用的问题。

事实上，出行者个人积分管理的最大难题，在于虽然获得积分但很难及时兑换使用。这个问题对于商务旅客而言更加严重，由于其使用的机票通常是由所在公司、单位进行预订，他们很难根据个人需求选择更换航空公司、航班或机场，也就无从主动积攒和使用积分。

为了解决这个资产限制的问题，可以采用区块链联盟的形式，为出行者建立专用的航空积分数字钱包。这样，客户就能够将个人身份同积分钱包捆绑在一起，无论使用任何一家航空公司的服务，都能及时了解积分变化、管理积分资产、兑换积分权益，从而提高积分的利用率，增强服务机构的品牌吸引力。

2018 年年初，新加坡航空公司宣布了旗下的 KrisFlyer 飞行常客计划，推出了世界上首个基于区块链技术的航空里程忠诚度数字钱包。这款数字钱包 App，主要针对新加坡航空里程的忠诚度项目，使用了新航的私有链，只对旗下合作商户、合作伙伴开放，帮助乘客能更加轻松地将里程奖励积分在合作商户那里消费。

随着使用这种积分管理方式的航空公司越来越多，在未来的积分钱包中，出行者还能利用区块链的功能特点，通过 App 与朋友共享积分、赠送积分等，或者直接帮助朋友、家人预订机票、出行服务等。在新的积分管理体系下，会员能够自动、实时使用积分，强化操作性，能够让更多人加入积分系统，成为机场、航空公司、旅行社的忠实客户。

### 7.2.3 区块链应用场景

目前，道路交通中的机动车违章停车、逆行、压黄线等乱象已经成为城市交通最大的问题之一，每年因此造成的拥堵、追尾碰撞等事故数以千万计，对道路畅通、交通安全造成严重影响，不仅造成群众的生命财产损失，也对各地政府的公信力、城市形象带来损害。如何提高交通管理公共资源的使用效率，规范驾驶员的行为，对违反交通规则的现象进行及时准确的取证与查处，始终是交通管理部门最重视的问题之一。

一直以来，针对违停等交通违法行为，交通管理部门大多采用人工手动拍摄和执法的方式。在发现违章停车的情况时，需要执法人员手动摄影、开出罚单，即便在已有智能交通系统的情况下，也需要执法人员对云台摄像机进行手动控制，拉近并拍摄车牌号码、交通标志进行取证。完成之后，还需要手动恢复摄像机到原始位置，其取证过程烦琐复杂，需要消耗大量的人工成本。同时，由于城市扩大、经济发展，违章停车的监控范围越来越大，执法人员工作负荷不断增加，加上执法准确度过分依赖于人员自身的责任心、身心状态，会导致人力资源成本居高不下。

在下一代智能交通系统中，全自动违停抓拍系统将采用先进的视频处理技术与图像分析技术，自动发现车辆违章停车、逆行、压黄线等现象，由计算机自动控制球形或枪形摄像头，记录时间、地点等具体情节，对道路交通进行全天候与全方位的有效监控。即便如此，拍摄下的图像、视频，依然需要经过人工复核并开具罚单，同时也无法保证拍摄到的视频与图像信息不被篡改、删除或泄露。

引入区块链技术后，自动抓拍系统所获取的数据，能够基于区块链分布式账本的特性，只需要一次上传就能够安全保存，同时无法更改。这样就能够确保完全避免人工操作带来的误差，同时大幅度减少机器与人力资源的浪费。如果在链上预设智能合约，就可以在确认之后立即执行程序，从违章者的电子钱包中扣除罚款、计分账户中扣除分数。这样既无须违章者自行花费时间和精力缴纳金钱，又能从更大程度上确保执法效率、减少执法成本。

当然，区块链应用在交通管理资源配置上的场景不可胜数，并不仅限于处罚。不断探索区块链技术与现有智能交通管理系统的交汇点，将能够给政府监管部门带来新的发现与惊喜。

## 7.3 交通"一站式"服务强化政企合作与资本运营

当下的互联网，正在逐步进化成为感知万物、交互联动，能够无处不在而不可缺失的全世界网络。对于这种新的变化态势，政府作为交通管理的唯一主体，必须积极调整适应，利用"一站式"的交通服务，强化政企合作与资本运营。

### 7.3.1 政企合作资本运营的价值

面对公共交通领域存在的现有问题，是抱残守缺、缓慢解决？还是积极利用科技发展的成果，激活资本能量、创新管理体制？答案无疑是后者。**政府必须积极利用社会力量和市场机制，充分发挥市场在资源配置中的决定性作用，同时更好地发挥政府的引导力量，在管理方法和政策法规上大胆探索，不断推进智能交通的发展。**

政企合作的价值，在于政府能够意识到在"互联网 + 公共服务"的时代，利用区块链、大数据与物联网这些新型手段，强化交通信息资源的深度整合，打破原有的信息壁垒，才能保证数据的安全性、可用性。因此，政府必须以更加开放的姿态，强化政企合作手段，把社会和市场的力量集中在政府搭建的平台上，共同加速交通管理智慧化建设，有力提升交通服务的个性化、精准化和智能化。这既是社会发展的大势所趋，同时也是长远解决交通问题根源的有效方案。

在贵州，政企合作推进智能交通管理、提升资本运营的步伐越来越快。早在2016年，贵州省交通运输厅就与中国电信股份有限公司贵州分公司、贵州省通信产业服务有限公司签订《推进贵州省“交通运输信息化”战略合作框架协议》。这个协议的执行将依托中国电信建造的云计算贵州信息园项目，共同推进贵州交通运输信息化建设，其中也包含了区块链的试水和实验。该协议提出，到2020年，更加完善地建立和管理贵州智能交通云服务平台，显著提升交通信息采集、共享和综合应用水平，力争让贵州成为国家交通运输大数据应用先行区域和机制创新区，从而推进大数据对智能交通的价值贡献。

在这次政企合作项目中，政府为企业技术提供了应用舞台，带来了积极的指导政策与发展机会；企业则为政府建立智能交通体系与平台，实现智能交通与公安、气象、国土等部门数据资源的共享，全面提升监控力度与智能化管理水平。在这个过程中，政府和企业资本运营的使用效率都得到了充分提高。

### 7.3.2 一站式服务平台

在智能交通管理系统中，一站式服务平台不可或缺。依托大数据与区块链的智能调度、路径规划与交易引擎等技术，一站式服务平台可以为出行者提供高效、方便的出行解决方案，而平台本身的工作效率，也体现了政企合作与资本运作达到的价值高度。

**一站式平台构建的基础，在于打通地方政府管理部门与企业移动出行平台之间的大数据，利用区块链等领先的信息科技技术，将双方各自在交通领域掌握的大数据资源，转化到直接方便居民出行的互联网应用上，打造智能交通的综合服务渠道。**

政府部门可以选择与交通服务企业进行战略合作，将大数据平台的资源通过区块链共享到城市交通的治理中，进而改善城市交通的拥堵问题。从时间与空间两大因素出发，为出行者提供不同时间、不同区域的出行道路，确保每个路网车流量在不同时间的平衡。从更深层次而言，政府部门与企业还能够通过一站式服务平台，为城市道路规划寻找最优方案。例如，政府规划部门在设计车道时，是否应该设置多个左转弯通道，或者在哪里应该拓宽路面，抑或增加交通监控设施，都需要由区块链共享的数据资产发挥作用，提供精准建议。

事实上，全国已有多个地方政府，包括贵阳、济南、武汉等与滴滴出行等企业建立了智能交通大数据平台，实现了政企数据资产的无缝对接。在一站式服务平台的支持下，这些城市的城市实时路况系统已经落地。

展望未来，在区块链技术支持下的一体化智能交通服务平台，将从政府监管部门获取传感器数据、静态道路数据、道路时间、信号灯动态配时等数据，与企业提供的司机轨迹数据、区域热力图、城市运力分析、交通出行预测等结合，从而在智能交通系统内多方面发挥巨大价值。

### 7.3.3 智能交通应用案例

近年来，海南省建设的智能交通综合管理服务平台，把政府各部门所有的信息系统与大部分交通企业业务系统的数据资产进行整合，实现了对路网、运政、客运、物流等行业的智能监管与服务全覆盖，打造出一站式共享化的服务平台。

在建立一站式服务平台的过程中，海南省交通运输厅主要依托已有的智能交通信息系统，对其功能应用加以深度挖掘，与企业进行深入合作，实现了技术、业务、应用与数据的全面融合，并打造跨越层级、地域、系统和业务的协同服务。

例如，通过智能交通平台进行数据功能的挖掘整合，海南已实现了公路水路的网上自助购票与检票、人脸识别、安检、车辆过磅等服务功能。同时，这个平台还能及时监测到省内高速公路的通行异常、堵塞等情况，并对高速公路的通行信息予以实时通报。借助与不同企业平台的整合共享，海南省还建成了视频监控平台，利用包括无人机、手机、车载移动视频采集等多种设备，集成对高速公路、客运站、码头港口、危险品仓库、工程施工现场的交通监控服务，能够极大地缩短突发事件的响应时间。

## 案例：智能交通建设带动软硬件设备领域大发展

智能交通建设的浪潮，使相关市场规模不断扩大，2007 年投资额为 247 亿元，2015 年达到 837.69 亿元，预计到 2020 年，中国智能交通领域投资将达到 1820 亿元。

在这些投资的推动下，智能交通影响中国社会的各个方面，也带动了软硬件设备领域的大发展，参与到发展中的多家企业，向全社会交出了令人欣喜的答卷。智能交通已经从概念走向了现实应用，并呈现出新的发展态势，在各地不同的智能交通实践中，呈现出软硬件齐头并进大发展的局面，昭示着深刻的交通革命正在不可阻挡地发生。

面对智能交通，交通数字化、智能化的升级，无疑带来了巨大机遇。然而，任何一家企业也不可能独自承担整个系统的重任。同时，智能交通产业不仅需要相关硬件设施的供应，还有赖于不同软件系统进行协调配合，并依靠中心系统，实现硬件设施之间的智能协调互动，使其整体实现运作的高效安全，并确保数据能得以妥善保存。

目前，智能交通硬件领域的发展，主要集中在以下几个方面。

### 1. 全面感知的交通基础设施

由于车联网、物联网技术的发展，硬件设备需要能够对道路上的人、车与物做到全面感知。因此，相关企业需要努力提升硬件的感知能力，包括对道路的实时运行状况、道路交通流数据、外场设备运行特征、各类交通违章行为、交通设施自身运行状态的监测等。利用硬件搜集到的这些信息，为智能交通系统中各类应用和服务提供基础支撑。

### 2. 协调运营的交通管控硬件

面向实时的交通管控需求，硬件领域还需要着力发展集成了图像视频、卡口电警、信号控制、交通检测、交通诱导等功能的综合设备，从而为交通情况处置、重点车辆管控等需求，提供集成的管理手段，并为交通拥堵疏导、动态调度指挥、交通信息服务提供辅助决策与技术支持。

### 3. 安全智能的无人驾驶系统

主要包括能够辅助或替代驾驶员自动驾驶汽车的系统，该系统包括多种硬件模块的集成，主要包括传感器平台、计算平台以及控制平台，其中包含了多个传感器，包括长距雷达、激光雷达、短距雷达、车载摄像头、超声波、GPS、陀螺仪等。因此，无人驾驶系统的发展将给对应的硬件研发、生产与制造的企业带来广阔的市场前景。

仅以其中具有重要作用的激光雷达研发企业为例，国内著名的企业包括北醒光子、思岚科技、镭神智能、速腾聚创、禾赛科等。其中，北醒光子目前的产品有三大系列：单线环境雷达 DE-LiDAR 1.0、多线长距雷达 DE-LiDAR 2.0 和固态雷达 DE3.0 系列（多线长距雷达目前正在研发，可做到 8 ～ 32 线）；镭神智能成立于 2015 年年初，是一家提供中远距离脉冲测距激光雷达等产品及解决方案的公司；速腾聚创已经宣布完成其混合固态的 16 线激光雷达研发。三家企业均具有广阔的发展前景。

除了硬件发展之外，智能交通也带动了软件产业。由于智能交通是复杂的综合性服务和管理系统，其发展进程无疑带动了以下软件行业的发展。

1. 交通信息服务系统

该系统需要建立在完善的信息网络基础上，利用这个软件，交通参与者能够通过装备在车上、道路上、换乘站、停车场或气象中心的传感器与传输设备，向交通信息中心提供实时的交通信息。该系统获得这些信息并经过处理后，就能实时向出行者推送信息、提供建议、引导路线。

2. 交通管理系统

该系统可以与信息服务系统共用信息采集、处理与传输部分，但其输出的信息主要提供给交通管理者，用于对公路交通进行检测控制与管理，并在道路、车辆与驾驶员之间提供有效的联系。

3. 公共交通系统

该系统主要利用不同智能软件技术，促使公交系统能够实现迅速、经济、安全、高效的运输目标。例如，该系统可以给公众提供使用计算机、闭路电视查询公交事件、路线、车次等，并在公交车站通过显示器向出行者提供实时信息。

4. 车辆控制系统

该系统与智能汽车硬件相结合，开发并帮助驾驶员实现提升车辆的控制技术，从而确保汽车行驶的安全与高效。其中，最重要的软件技术包括对驾驶员提出的警告、帮助等引导信息，以及车辆自主对障碍物实现规避等功能。

除此之外，智能交通推动的软件细分行业还包括货运管理系统、电子收费系统、紧急救援系统等。

由于智能交通的发展，我国在相关行业中还涌现出了不少优秀的硬件、软件企业，其研发和生产成果代表了智能交通的未来方向，体现了科技改变生活的价值。例如，软件制造商如超图软件、北大千方等；硬件制造商如海康威视、大华股份、大立科技、英飞拓、中威电子等；咨询服务商如网特金斯、奥雅纳等；运营服务商如天泽信息、天源科技、博创兴工等。随着硬软件产业的发展和应用，智能交通日益重视面向公众服务，在向出行者提供更为优质的智能服务的同时，智能交通本身的成长，也能加速交通产业生态圈的跨界融合，在不久的将来，汽车制造业、汽车服务业、交通运营服务、互联网、信息服务等行业，必将在智能交通的大旗下融合发展。

# 第八章
# 信任：
## 区块链交通中的信任重构

2015年，英国《经济学人》杂志在封面文章中将区块链定义成为信任的机器。事实确实如此，区块链产生的价值并非只有虚拟资产，更长远的财富，在于其为人类社会提供了重构信任关系的机会。在区块链的技术模式下，“信任”不再是需要通过繁文缛节才能获得的无形奢侈品，而是只需要用一根网线就能在数字技术中获得的简单认证。

# 8.1 区块链与信任重构

如果说传统互联网解决了相互联系的问题，那么区块链就可以看作是提供信任的技术。区块链给了人类使用互联网重构信任关系的工具。当人与人、人与机器及机器之间，用极低的成本便建立起信任的时候，所有的信息管理模式都会改变，其中也包括交通领域。

## 8.1.1 传统信任机制的问题

从人类文明诞生以来，信任机制始终是考验全社会的重要问题之一。在古老的熟人关系社会中，信任关系基于血缘和口碑；随着人员的流动加剧、经济技术的发展，从纸质文件到互联网数据存储与调取，成为验证身份的重要手段。

然而，无论是合同、证明文件还是法律，从本质上来看，更多只是形式信任与成本信任。例如，过去冒用驾照缴纳罚款的违法成本，低于正常程序处罚带来的损失，结果，“出租”驾照提供代扣分的行为屡禁不绝，建立在法律文本上的信任机制一定程度上失效了。这既是因为违约的成本低于遵守法规的成本，同时也源自监管部门陷入信息不对称的困境。

随着社会向智能化迈进，人们亟须在信任基础上进行大规模的分工协作，因此，信任模式必须加以重构。人们需要思考这些问题：如何在信息不对称、不确定、不安全的环境中，依然保持良好的信任生态？如何在网络通信双方相互陌生的情况下，依然能形成共识基础，进行安全的信息交互，而不用担心接收到虚假数据？

对此，**区块链可以用自身所独有的机制，在保证网络运行安全的同时，**

**让整个系统中的所有节点，能够自动安全地交换数据**。当这种网络形成之后，社会信任关系能够以极低的成本，促使整个社会运行成本大幅度下降，区块链技术也将不再单纯局限于经济领域，而是促进全球范围内各行业资源配置效率的提高。

### 8.1.2 区块链的分层次信任

区块链的“去信任”，并非字面上表示出的“不需要信任”，而是通过技术手段，实现在线上对信任方式的重构。换而言之，**在以区块链为基础的交通信息网络中，“信任”验证方式是以分层次的方式加以完成的**。

同其他已有的区块链应用有所不同，智能交通区块链能够以公有和私有区块链同时使用，能够区分出信任级别。在使用区块链时，公有和私有之间的唯一区别，在于谁有资格参加到网络信息分享中来，执行“共识协议”，并维护共同的分享账本。其中，公有的交通区块链网络是完全开放的，任何人都能够加入并参与网络运营与维护。私有区块链则体现出许可式的信任特征，想要加入，必须获得邀请，并由网络启动相关的规则加以验证。在加入私有区块链时，无论是个人还是企业，都需要加入许可网络，这实际上从源头限制了加入网络者的身份。

当然，无论是公有还是私有区块链，在技术运作上都没有单一权威。这决定了一旦进入区块链，就成为彼此无须再次验证的合作伙伴，在交通数据分享上不需要或至少减少了结算验证的过程。不同的个人、企业或机构，都能够通过区块链中的角色责任，创造不同的数据资产，指定交易对象，提出保密要求，甚至能够通过创建私有区块链决定邀请的对象。这样，区块链技术就拥有了合理而充分的平衡空间，位于不同层次的合作伙伴，都可以建立信任并借此提高智能交通的运作效率。

### 8.1.3 场景信任

当区块链应用于信任重构时，以汽车作为区块链节点，具有现场锁定、互相佐证、智能合约三大功能，可以应用在诸多需要建立信任的交通场景中。

例如，在发生一些影响较大的交通事故之后，人们总会质疑是否有内幕。采用区块链技术后，现场数据无法被更改或删除，能够绝对可信，相关部门对交通事故处理的公信力也就能得以恢复。同时，在某些较为严重或情形特殊的交通事故中，无论行车记录仪是否损坏，都无法做到对真实情况加以全部还原。但如果结合区块链技术与智能交通基础设施，交通事故真相就能够被全部还原。

另外，当道路上的每辆车都成为区块链节点之后，就能有效改变现有的交通税、环境税的征收方式。这是由于区块链能够忠实记录不同车辆的行驶里程与碳排放量，车主无法加以私自更改。税务机关只需要根据区块链数据库中的记录直接进行征税。虽然从理论上而言，物联网技术能够直接实现数据基础的采集，但想要避免数据造假并做到实时统计，就需要引入区块链技术。

## 8.2 共享交通中的信任重构

区块链不仅是单一的技术，而且是众多技术在同一原理运作下交织运用而形成的集合，它的"去信任"机制特性，同时深刻影响着共享交通趋势的方向。建立在可信区块链平台上的共享交通经济，此刻已经初显规模。未来社会中，交通领域的信息传播边界将不复存在，各种区块链应用会不断涌现，具有高度自我运行能力的商业与公益平台，将会在数字时代发挥重要作用，释放更多的利益空间。

### 8.2.1 共享交通的信任问题

经济与社会的正常运行，离不开共享交通的发展。通过打造共享机制，大交通行业的定位内容变得愈加丰富。然而，无论从世界还是中国范围来看，新的共享交通模式产生了大量需要改进的地方，带来了管理与运行效率下降、成本增加，造成了出行者体验效果不佳，形成了整个行业的痛点。例如，在共享交通中，商业服务流程虽然转移到线上，但较为烦琐；行政管理上，手续不够透明、管理措施不够有力等。

共享交通模式发展中出现的种种问题，可以归结为用户之间、企业与用户之间、监管与被监管之间的信任关系并不是足够完美的。在过去，交通领域的信任需要政府与企业投入大量的人力和物力，导致商业与行政成本不断增加，最终会转嫁到全社会。

从技术上看，共享交通的信任问题同样必须加以解决。这是因为共享交通必然建立在交通行业整体网络的连接上，但不同的网络收集、共享与利用的信息，在质量与价值方面并不一致，因此所造成的漏洞，很有可能被恶意参与者运用而成为攻击与获利的机会。传统的互联网协议，无法对共享交通中每个参与者的身份信息进行安全与完整性验证，加上参与者众多，所使用的操作系统、智能硬件也可能各不相同，更难以确保庞大交通的独特信任需求。

### 8.2.2 共享物联网与区块链

共享经济正在带来交通模式的转变，如共享单车、网约车等新交通服务的出现，而承载共享交通模式零边际成本的关键因素，在于能够将数百亿级别的设备连接起来的物联网。

不仅如此，物联网涵盖了智能交通在内的多领域体系，这些体系相互影响，无所不及。但物联网本身也有瓶颈，即与生俱来的安全性、隐私性与可靠性缺陷，而解决之道在于区块链。

**区块链技术能够追踪海量的互联设备，支持机器之间的对接与处理。这种“机器信任”的方式，能够避免单点故障引起的信任链崩溃，为物联网整体运行营造良好环境。**区块链的分布式账本并不存放于任何一台服务器中，即便遭遇攻击也无法奏效。此外，区块链还能够保存物联网智能设备的历史记录，保证智能设备的自主性……因此，人们完全有理由相信，区块链足以为物联网带来前所未有的可信任机制。

### 8.2.3 共享信用案例

随着自助服务的普及，利用客运交通监管智能化不足等漏洞，采取虚假信息套取利益的现象屡有发生。例如，“买短乘长”“买两端坐全程”以及网络黄牛利用虚假信息注册购票、冒用他人信息囤票占票、上车套票等乱象，均对维护交通公平秩序、推进共享交通造成了一定的破坏。虽然公安等监管部门做出了种种努力予以遏制，但由于全社会的征信体系尚未建立，对这些不诚信行为的处罚往往停留在局部，无法迫使违规者付出巨大的成本，不能起到充分的威慑作用。

事实上，利用智能交通环境中的交易评价数据，结合区块链技术，能够打造新一代的信用管理系统，从而解决传统交通管理模式中人证合一难以实现、信用难以量化、评价精度难以提高等问题。

具体做法是，**建立一套半封闭、半开放、多中心化的交通信用管理许可链系统，由社会服务提供机构与政府监管部门，包括公安、交通、工商、银行、铁路、民航等单位组成联盟，各自提供授权写入节点。由商业组织、个人客户等交通资源使用者组成只读节点。在许可链系统中，所有信用事件由写入节点提供方进行评价，写入区块链，并全网广播、社会共享，以便共同鼓励诚信行为、惩戒违规违法行为。**

例如，客运企业可以在出行者的购票、验票、检票、乘车、投诉等作业过程中，对其行为进行全程量化评价，定期上传失信者的名单，分享公布到区块链上。同时，客运企业也可以从链上获取全社会信用单位评分，对信用评级较高的个体予以购票优惠或绿色通道等服务，对信用评级较低的个体，则可以结合国家法律要求，采取限制消费、安全监控等措施。

通过区块链技术的打造，能够在客运领域构建有效的信用体系，从而增加个体不诚信行为的成本，加快共享交通领域的诚信建设。

## 8.3 车联网与国家征信系统

由物联网衍生出现的车联网，是未来智慧城市、智能交通的重要组成部分。从更加细化的维度来看，车联网产生的数据信息，也能更好地服务于整个交通征信系统。在这个过程中，区块链技术能够发挥重要的作用，解决原先存在于交通征信系统中的固有痛点。

### 8.3.1 车联网征信价值的基础

把个人交通行为纳入征信系统中予以评价，形成个人征信记录的一部分，已经不是什么新鲜事情。2018 年 3 月，贵州省相关部门提出，三年内，将在全省推进文明交通征信体系建设，依托智能交通体系，建立个人信用基础数据库。在数据库建设过程中，将整合机动车驾驶人与所有者的基本信息、交通失信信息，并生成文明交通信用记录档案。个人的严重交通违法行为会纳入征信记录，从而影响其职业准入、个人信贷、车辆保险、评优评先等。

推而广之，如果在更大范围内结合个人交通行为表现评价个人征信，车联网是不可或缺的重要角色。车联网的价值不仅在于“让车辆连上互联网”，更在于通过互联网平台，收集驾驶者的数据，并通过进一步的加工利用与筛选处理，让看似繁杂的数据落实到具体的社会角色身上，变成能够为国家征信系统使用的数据，产生应有的社会公共价值。

### 8.3.2 车联网数据利用的问题

在现有的车联网系统中，车载终端、手机 App 与云平台是三大核心构成部分。对车联网内的服务企业、政府机构而言，从车联网中根据客户类型获得数据并非难事，但原始数据相当杂乱，不能很快应用于征信系统的建设。因此，车联网不仅要可以提供数据，还要具备数据处理与挖掘的技术能力。正因如此，车联网行业在信用数据的获取过程中，面临着其他智能行业应用中也出现的情况，即如何保证信用数据安全，如何解决数据覆盖面的问题。

过去十多年，车联网行业的传统做法并未将征信建设与用户数据加以联系。究其原因，一方面，由于征信数据的高度隐私性，加上中心化的数据存储存在着数据泄露与丢失的风险，从政府部门到企业，再到用户，对这个联系均保持谨慎态度。即便当时可能引入更高的安全技术加以防范，但总体成本与社会收益并不成正比。另一方面，虽然彼时的车联网用户数量有所增长，但相对于全国的庞大汽车保有数量而言，能够获取的数据指标较少，可以用于征信系统的信息更少，对国家征信系统建立的参考意义不大。在这种条件下，要想利用交通行为数据来为征信服务，只能引入不同机构采集到的数据，但打通不同机构系统的成本居高不下，数据的传送和共享也会出现很多问题。

### 8.3.3 车联网：区块链，开启征信之门

忽如一夜春风来，当区块链在车联网系统中的价值引起充分重视，

并开始推出应用之后，人们忽然发现，车联网向国家征信体系提供数据的可能，变得前所未有地接近现实。

在车联网行业的区块链信息平台上，接入了包括车主、汽车制造商、4S 店、车联网服务平台、保险公司、车辆管理部门、交通管理部门在内的所有数据提供者。由于区块链技术，整台汽车从出厂到报废的全部使用过程都能够被如实记录、安全保存，尤其是在区块链环境中，接入平台的所有人、企业、机构都能够对数据加以验证、申请授权或者付费使用，这使得数据提供者与使用者之间的联系更加紧密，这样利用交通行为数据参考评定个人信用分数，就变得相当容易了。

实际上，**区块链在技术层面上可以做到既有效保护数据隐私，又能实现有限度而可管控地利用数据，因此，完全面向更广阔的征信范围进行交通行业有关数据的共享交易，构建基于区块链的联盟链，搭建征信数据的共享交易平台是可行的。**平台节点成员包括与交通有关的征信机构、用户、其他机构（包括银行、保险、政府部门、互联网金融企业等），平台主要的共享模式包括以下两种。

### 1. 广播模式

在车联网内，各方征信机构进行信用数据共享。这种模式下，征信机构各自既是数据查询的使用方，也是数据的提供方。信用数据由被查询机构提供，以广播形式保存在区块链中，并通过区块链转发到查询机构。这样，各方征信机构既能够相互查询到对方的信用数据，又不会泄露自身核心的信用数据。

### 2. 授权模式

申请查询的机构，直接向被查询的用户请求授权，经过用户授权许可后，其他机构将用户的数据在区块链上进行广播，用户也能在自身节点中对数据进行追踪。在这种模式中，信用数据能够进行多源头交叉验证，因此数据的真实性有所保证。

### 8.3.4 区块链应用案例

2018 年 4 月 1 日，蚂蚁金服技术实验室发布了一款区块链产品：全球首款区块链喷漆 Block7。在宣传视频中，蚂蚁金服介绍：司机将喷漆喷在车上，就能将汽车变成区块链上的节点，进而防止碰瓷，方便信任出行。

在视频中，Block7 为了防止碰瓷，具备如下的运作方式：当一辆汽车被喷上 Block7 之后，就通过上链，成为区块链节点，同时具备了 IoT、生物识别等能力。在交通运行中，当司机判断有人出现在车周围，立即刹车之后，行人虽未能被触碰，但假装摔倒，疑似碰瓷，在这种情形下，车上的传感器识别到可能碰瓷，通过司机的有效确认，将生物识别信息、刹车记录、图像信息、行人间距等数据进行保密上链，相关数据被锁定而无法更改或删除。同时，驾驶员还请求附近所有应用 Block7 的区块链智能汽车、摄像探头等公共交通设施联合证明，不同的区块链节点会把获取的现场信息附加时间戳后通过安全加密然后上链。

通过对各方信息的分析，蚂蚁金服以量子计算工具实时计算出结果，确定疑似碰瓷者行为后，将之提交给交通管理部门、执法部门和征信部门。

虽然这只是蚂蚁金服对区块链技术应用于交通领域的构想，但表现出其基于区块链建立多样化信任关系的野心。Block7 解决碰瓷过程的关键，在于将每个区块链节点都看作一个信用中心，每个中心分别提供以自身为视角所获取的事实真相，这样，节点之间就能产生信任，并形成可信证据链。相反，碰瓷者由于其行为违法，必然被排除在这样的信任关系之外。

## 8.4 多中心构筑多样化信任关系

区块链网络的每个节点都可以被看作一个中心，由于每个点之间可以相互对等沟通，看起来，中心就不需要存在了，然而，在社会信用管理中，是否真的不需要中心？答案是否定的。区块链交通的信任重构，并不可能让中心荡然无存，而是根据现实需要，通过多中心形态，构筑多样化的信任关系。

### 8.4.1 多中心化的必要性

2018 年 5 月 26 日，在贵阳数博会现场的央视《对话》栏目中，贵阳市委常委、常务副市长徐昊表示，区块链的本质不是去中心化，而是去中介化。他认为，中心是不可能去掉的，无论在现实中，还是在虚拟世界中，都不可能去掉。如果真的将全世界节点全部消灭掉，必然需要产生一个超级节点，在现实中是不可能的。因此，区块链的本质是去中介化。

从征信系统本身的特点来看，征信信息属于隐私信息。征信系统的价值，在于信息准入与共享机制、中心背景等。所谓去中心化的征信系统类，虽然各机构能够有效获得交通征信数据，降低了不同企业、平台的经营风险与成本，但在去中心化推行的过程中，很容易出现某个机构主观上不愿意与其他平台分享数据，甚至出现征信信息泄露这种更大的风险。

此外，盲目信奉和推行去中心化原则，还会直接触及现行征信管理制度甚至是更基础的社会原则，并由此引起不同层面上的矛盾交锋。在行业层面上，区块链如果直接用去中心化的方式集体维护和使用数据库，看似能够颠覆传统行业、提高效率，但也同样会导致征信行业难以监管，容易产生被违规利用的漏洞。

从数据库技术角度来看，与传统数据库技术相比，区块链技术通过去除修改和删除的功能，从而具备了防篡改功能。但在实际应用中，“防篡改”不能完全等于不可修改，无论征信系统或是其他应用，记录者有可能出错。当区块链在多个领域落地应用后，业界也发现区块链不能设计得过于理想，也同样需要监管和编辑，其中最明显的区别就是传统征信业的数据库技术，是在完全能够修改的情况下通过监管手段尽量不可篡改；而区块链的交通征信系统，是在不可篡改的前提下，还需要通过多中心化实现编辑功能。

### 8.4.2 多中心化加固信任

在传统的中心化结构中，形成信任关系需要五大要素：条件性、可靠性、效率性、脆弱性以及可追责性。

**条件性，是因为任何信任关系都要在一定的条件下才成立。无论是交通系统还是征信系统，每种信任关系都有其对应的环境背景与社会历史因素。可靠性则是与条件性高度相关的，围绕中心形成信任的组成因素越是稳定，信任关系就越是牢固，效率就会越高；反之，当条件基础发生改变后，可靠性就有可能降低，从而体现出脆弱性。因此，可追责性确保在信任关系破坏、利益受损之后，相关方需要承担起应有的责任，可追责性越是能够存续，才越是具有防范和警示作用。**

在传统中心化模式下，中心化的记录系统保证了可追责性，却依然避免不了脆弱性的可能。即便引入第三方中心化监管模式，也难以完全杜绝第三方出现被渗透、破坏甚至造假的可能。而多中心化的区块链技术，能实现可追责性的充分延续。

举例说明，在传统单一中心化模式下，A 无法单独证明发送给 B 的征信数据在时间和内容上都是正确的，除非 B 愿意配合提供；同样，B

也无法单独证明自己没有篡改这些数据，除非 A 愿意配合。但在多中心化区块链技术下，由于不同数据节点可以按照私有链、联盟链等形态围绕不同的中心形成信任关系，能够在保证真实性与完整性的情况下各自或者互相对完整的数据历史、内容进行查看和备份，这样就能在不同中心的信任关系中改进可追责性。例如，驾驶者无法在自己违反交通规章的情况下对监管方进行质疑，称监管部门篡改记录；保险公司也无法在事故数据可备份可查看的情况下，对责任方提交的材料加以质疑……

可见，正是由于多中心化区块链技术，才确保了信任关系的维系，也建立起新型的无须信任系统。这个系统本身是依靠信任关系建立的，区块链技术的应用并非为了去除信任关系，而是显著提高可追责性，增加任何一方破坏原有信任关系的成本，最终达到提高信任关系稳定性与可靠性的目的。

### 8.4.3 区块链信任应用案例

区块链多中心化应用，构筑多样化信任关系，有可能在二手车买卖交易中最先实现。

中国汽车流通协会提供的数据显示，2017 年全年，全国 1068 家二手车买卖市场共完成二手车买卖 1240.09 万辆，同比增长 19.33%，交易金额达到 8092.72 亿元，同比增长高达 34%。

虽然二手车行业再次火爆，但在资产转移的过程中，暴露了越来越多令人不安的弊端。二手车交易过程中牵涉多个主体之间的业务，包括交易双方、服务平台、汽车生产商、汽车服务商、政府监管部门等，关系复杂、流程繁多，因此出现了诸如数据造假、信息篡改等一系列问题，无法用过去的体制或手段加以解决。引入区块链，在多中心系统中构建信任关系，才能清除这些弊端，提供更好的服务。

例如，在二手车资产交易过程中，区块链账本能够很好地承载车辆的生产经销厂家、年代、车型、发动机代码、组装地点、使用历史等。当二手车销售出去之后，区块链会对再次销售的数据，围绕不同的交易与服务中心进一步补充，如汽车维修、保养、年检、出险、行驶里程等，同时，还可以通过鼓励机制，促使车主、4S店、维修中心、保险公司共享二手车辆信息，这样就能杜绝在二手车买卖中很容易出现的信息不对称问题。在二手车的资产评估过程中，区块链还能够利用自身无法更改数据的技术逻辑，再根据现有的真实海量汽车买卖成交信息，利用神经网络算法，计算出不同汽车实时与静态的价格信息，这样就能构建出一套行之有效、落实透明的汽车价值评估体系、信息查询服务、二手车买卖服务、汽车评估服务。由于区块链可以根据业务流程，以不同中心构建信任，因此二手车车辆征信将不再是难题。

## 8.5　交通信息安全与信任透明之辩

在工业时代与信息时代，全社会经常被下面的问题困扰：如何管理社会中不断流动的个人？这个问题在交通领域表现出典型的矛盾：如何在尽量不影响个人利益的情况下，让公信力机构与每个驾驶人之间充分互动，以便确保实时获得并发布信息？随着区块链技术的应用范围越来越广，人们开始意识到，区块链很可能是解决信息安全与信任透明问题的最佳途径之一。

### 8.5.1　数据安全性问题

与其他大数据系统类似，交通数据并不是静态的，而是一个流动的信息池。在智能交通时代，无论是用电脑、手机还是车联网，出行者每天都会生产、输出和接触到大量的交通数据，政府与企业如何在数据流动的过程中，确保其在业务、终端、外网等不同环节上的安全布局，是相当重要的问题。同时，交通数据安全，不仅关系着用户个人隐私安全、资金安全，也关系到海量用户对交通系统的信任，这就更需要政府和企业投入较大资金，在不同的网络节点上部署安全防护产品与解决方案。

然而，在传统互联网的基础上，尽管上述情况已经引起重视，但由于缺乏相应的资金投入，专门针对网络与数据安全的项目并不足以涵盖智能交通领域，无疑造成了容易遭受破坏与攻击的隐患。一旦庞大的智能交通系统发生数据泄露问题，对企业或公共安全的影响都是相当严重的。

### 8.5.2 区块链技术对信息安全的保护

区块链技术的数据存储方式、密码学机制、加密算法和共识算法，能够保证数据信息不被篡改和伪造。这些突出的安全保护能力，对于提升交通信息网络安全有很大裨益。

区块链技术在交通信息安全领域的保护作用，主要体现于数据掌控权的归属上。大数据时代，个人数据既异常珍贵又不可或缺，虽然每个人都面临着个人数据泄露的风险，但绝大多数人不可能因此而切断和互联网的关联。在智能交通时代，为了进一步普及数据共享，就必须通过区块链技术，让个人数据掌控权回归到用户的手中，让每个人掌握自己的数据成为可能。

通过区块链的加密、免信任、点对点和难以篡改等特征，个人数据能够与用户数字身份证相互关联。这样用户能够在日常出行、工作、征信等场景中，自行选择是匿名、化名还是公开这些数据，也能够随时随地通过终端设备访问区块链应用平台，管理和保护个人数据。例如，某人的驾照行为可以通过区块链技术，在上链后转换为一串密文，当他使用车联网向服务企业提供数据时，他只需要将密文发送给企业，企业将之同区块链应用上的加密数据进行比对，就能做到在不知道其任何真实信息的情况下，利用数据比对结果是否相符来判断数据来源的正确性。这样，他的个人数据信息就做到了既公开透明又受到充分保护。

### 8.5.3 机动车驾驶证档案的区块链应用

要想有效管理驾驶人，就要做好对机动车驾驶证档案的管理。我国机动车驾驶证的管辖权，隶属于不同级别的公安机关的交通管理部门。根据规定，由各级公安机关车辆管理所负责建立并维护机动车驾驶证档案，并分为证件、实物档案和电子档案。

其中，证件记载签注的事项包括驾驶人的姓名、国籍、性别、身份证明号码、住址、照片等个人信息，此外还有公安机关车辆管理所所签注的准驾车型代号、初次领证日期、有效期限、档案编号等基本信息。

实物档案，主要包括驾驶人提交的机动车驾驶证申请表、身份证复印件、申请人考试成绩原件等。

电子档案，包括由计算机录入的相关数据信息、操作日志、考试视频监控材料等。这些信息由车辆管理所负责录入并打印有关证件、表格，确保电子档案和实物档案的一致性。

在航空业，对交通人员（包括驾驶员、空乘和出行者）的真实性认证相当重视。由于航空业自身的特殊性，其创新步伐相对较快，包括机场与航空公司在内的运营主体，更愿意引入区块链这种新兴的技术，运用于真实性认证与信任构建领域，满足自身和出行者的需求。

一直以来，行李跟踪是航空业容易受到外界与出行者诟病的服务领域。对普通出行者而言，行李一旦完成托运手续，直到目的地，都处于“失联”状态。这种状态很容易引起质疑、摩擦或投诉，甚至引发对航空公司品牌价值的怀疑与攻击。然而，行李跟踪本身是一个复杂的过程，需要不同环节不同部门的员工参与，涉及诸多相关节点。例如，旅客必须把行李送到值机柜台或自主托运点，然后，地面服务等相关单位会接到通知，接收行李准备装舱的通知。当出行者到港之后，行李还需要再次执行一遍类似的流程。正因对行李的处理步骤如此繁多，无论机场还是空乘，都很难明确了解、记录或发布某一时刻行李的位置和状态，更难以确定和联系该时刻的行李负责人。这导致行李很可能在运输过程中受到损害或遗失，而当出行者提出投诉追查责任时，又由于不同航空公司与机场运行着不同的数据系统，相互之间并不兼容，所以很难迅速满足要求。

在应用区块链技术之后，行李跟踪问题引发的信任风险将得以解除。航空公司与机场之间可以建立专门的数据库，而每接收一位出行者的行李托运，就可以在链上添加一条与行李位置有关的固定记录信息，各方可以随时通过查看信息，接收检测器传来的实时信息，了解行李的状态。因此，除了加快后台对行李处理的速度之外，区块链技术还能让各方都感到放心，出行者可以通过手机 App 接收行李信息，而航空公司、机场也都能因此排除风险、规避责任。

## 案例：区块链交通，真正的信任时代到来

二十年前，互联网的普及把人们带入信息传播无处不在的时代，但与此同时，信任成本在不断上升。互联网虽然解决了“我如何联系你”的问题，却在很大程度上带来了“我如何知道是你”的困难。区块链的出现，为创造真正的信任时代吹响了号角。曾经应用于数字加密货币而被全世界了解的区块链技术，现在的价值已经远远超过了当初，而是转向于推动信用社会的到来。

基于安全加密的数据共享层，政府与企业能够利用区块链跨越信任边界，进行数据资产所有权的确定与跟踪，从而为跨组织协作提供充分的空间，并开辟全新的运作模式。区块链能够为原本作用单一的

交通数据赋予充分的使用意义，将之扩大到整个社会运转与全民生活的生态系统中。

举例而言，在供应链物流领域中，进口食品从生产地到销往全世界，会产生不同的运输路线，其中环节可能包括货运、航运、船运、仓库周转等多种组合。基于区块链技术，企业与政府能够从不同环节对产品的有关信息数据进行搜集和分析，并精准定位产地到流通环节的不同阶段。同样，数据处理机构之间不同类型的共识机构，也通过其链上工作，杜绝了虚假信息申报的可能性。

在未来，区块链还能够为生产者、消费者提供注册认证，以此实现公平的贸易合作。而通过智能合约的支持，国际贸易物流的业务流程能够自动化，并将之使用到企业成员之间的相互监测与督促中。例如，当产品完成物流流程，交付给最终收货人之后，区块链技术支持的智能合约就能够自动付款，即便出现问题、引发争议，智能合同也能够引导参与方追究法律责任。

2017年12月，京东旗下的京东万象数据服务商城宣布，对自身的大数据交易平台运用区块链技术改造，在业务上做到对物流交通数据的溯源与确权。在该平台上，物流运作流程是将数据变成受区块链保护的虚拟资产，其中每笔交易和数据都通过区块链获得确权认证。一旦有未经许可的销售行为，就无法获得确权证书，抑或无法匹配证书，这样，数据提供方就可以通过平台服务获得法律对利益的保障。

在不远的将来，区块链技术还将更为直接与深远地影响到身处交通系统中的每个人。到那时，如果一名网约车司机希望通过贷款购买一辆更先进的汽车，从事专车服务，他将如何享受区块链带来的信任福利？

以下是设想的情形。

在区块链技术普及的时代，汽车生产商、销售商与银行、保险公司和政府机构已经打破彼此之间的数据与网络隔阂。从汽车制造商开始，实施了与网约车、银行、保险公司、政府机构合作的区块链项目，以智能合约的形式，为获得认证的司机提供服务。

当这名司机向4S店提出购买申请之后，一系列的智能合约开始工作：政府部门的数据共享合约，证明了司机的身份、家庭和经济情况；运输部门证明司机的驾驶资格，可以驾驶该类型的车辆；网约车服务平台证明其受雇于该公司的身份，并提供了收入证明、驾驶历史和乘客评价等数据；银行共享了该司机的财务证明；汽车制造商则向销售商提供了车辆的零部件来源、生产历史。

综合这些数据，销售部门用自己特定的计算软件，对该司机综合评价并进行打分，并由销售顾问结合分数推荐方案。如果分数较低，司机无法承担昂贵的购买费用，就可能通过分期、租赁的方式获得使用权；分数较高的司机，可以优惠折扣甚至免去首付获得新车。无论以何种方式获得新车使用权，司机接下来可以进一步享受免信任的多方服务：不用再手动缴纳燃油费、通行费，这些费用可以直接由租车服务平台按照比例，从其劳务收入中进行扣除；不必再亲自购买保险，保险公司能够从区块链中直接获取司机的驾驶历史与特点，为该车定制保险报价并进行扣除。

区块链平台带来的不仅是社会整体效率的提升，还能让新型的智能经济体现出免信任的价值。未来，由于信任缺失导致的合作障碍将不复存在，从普通人到世界各国政府，都会从区块链技术中收获高效率带来的高利益。

# 第九章
# 智能交通已来，
## 智慧城市不远

交通从来不是独立于城市的，城市也无法离开交通。当智能交通经过十多年的发展，走向智慧交通的新高度时，智慧城市在区块链、大数据、物联网等技术的联合打造下，也越来越清晰地出现在新时代的天幕之下。

我们有理由相信，无论是智能交通还是智慧城市，它们都承载了人类科技成果发挥价值的舞台空间，都能够在以区块链为代表的新一轮产业革命之中焕发别样的光彩。

## 9.1 物联网连通万物，真正的智慧城市到来

今天，城市是受现代技术发展影响最直接的舞台。从全球角度来看，城市居民人口以每年接近600万的增长速度不断扩张。从国内来看，城镇化浪潮方兴未艾。建设智慧城市，既是处于历史发展转折点上，来自政府顶层的决策，也是惠及亿万中国人的重要工程。在此过程中，能够连通万物的物联网，将支撑起智慧城市的美好未来。

### 9.1.1 大数据上的智慧城市

何谓智慧城市？一般而言，**智慧城市是指现代城市在管理与运营中运用信息与通信技术手段，对城市运行核心系统的各项关键信息进行感测、分析、整合，由此对包括民生、交通、环保、公共安全、城市服务、工商业活动在内的各种社会需求做出智能响应**。智慧城市的本质不是硬件建设与推广，也不是某一项技术的充分利用，而是综合运用先进的信息技术，为城市中的主要人群创造美好的生活，从而促进全社会的和谐与可持续发展。

2012年，我国首批国家智慧城市试点名单出台。2013年，国家“智慧城市”技术与标准试点城市推出，首批试点工作在全国20个城市开展，其中包括贵阳市、太原市、郑州市、武汉市、银川市等省会城市。2014年，经国务院同意，发改委、交通部、科技部、财政部等八部委，印发《关于促进智慧城市健康发展的指导意见》，要求各地区、各有关部门落实指导意见提出的各项任务，确保智慧城市建设健康有序推进。

从战略方向来看，我国到2020年，将建成一批具有各自特色的智慧城市，充分发挥其聚集与辐射作用，提高综合竞争优势，从而优化民生

服务、创新社会管理。我国要想实现这一目标，离不开大城市的有力支撑。

在过去，每个城市的运行特征与状态都是通过数据进行量化表现出来的。多年来政府公共管理的信息化发展，已经使得每个城市的政府具有能够产生大量数据的能力。然而，如果这些数据不加以利用，就只能是静态数字的堆砌，必须通过对数据的解读，以直观的形式展现出城市发展变化的趋势，从而分析和总结城市各方面的发展情况，为政府与企业的决策、管理提供辅助。从这个意义上说，大数据对城市发展的推动，并不表现在城市各机构主体之间主要业务和运作流程的变化上，**而是通过对数据的采集与分析，反映出数据之间的关联性，驱动城市运行发展，形成运作的量化与规范化**。正因如此，大数据产业与智慧城市密不可分。

2015 年 12 月，首个国家大数据产业发展集聚区在贵州成立。2016 年 2 月，贵州获批建设首个“国家大数据综合试验区”，这些政策与措施有力推动了贵阳智慧城市的建设与发展。未来，还将有更多地方政府找准利用与开发大数据的途径，使得智慧城市的蓝图有所依托、有所壮大。

### 9.1.2 城市大数据遇到物联网

智慧城市的发展，离不开大数据的支撑，而大数据的发展，则源自物联网的应用。因此，智慧城市的衡量指标由大数据体现，而当物联网遇到大数据，才能爆发出显著的催化效果。

大数据的类型可以分为三类，其中有传统企业数据，包括消费者数据、传统 ERP 数据、库存数据、账目数据等；机器和传感器数据，包括呼叫记录、智能仪表、工业设备传感器、设备日志、交易数据等；个人数据，如用户的行为记录、反馈数据等。在智慧城市和智能交通建设过程中，这些数据无一不是加以利用的重点。而在物联网中，对大数据处理技术有更高的要求，主要体现在以下几个方面。

### 1. 物联网能处理更大的数据量

物联网最主要的特征之一在于节点的海量性。从物品、设备、传感器，到电脑、个人手机、汽车等，都是物联网的组成节点，其数量规模相比互联网要大得多。同时，物联网节点相比互联网有着更高的数据生成频率，如交通系统中的传感节点，全天都处于工作状态，其能采集和需要处理的数据流源源不断。

### 2. 物联网提供更高的数据速率

一方面，物联网中数据的海量特性，必然要求骨干网需要集中更多的数据，对数据速率提出了更高的要求。另一方面，由于物联网直接通过设备将互联网与真实物理世界进行关联，在建设智慧城市的过程中，需要做到实时访问与控制对应的节点和设备，因此需要使数据传输速率支持对应的实时特性。

### 3. 物联网采集的数据更多样化

由于物联网涉及的应用范围广泛，智慧城市包括了智能交通、物流，也涵盖了智慧家居、医疗、金融、安防监控等，均属于物联网的应用范畴。在不同领域与行业中，智慧城市物联网需要面对不同类型与格式的应用数据，因此物联网中的数据有着更为突出的多样性。

## 9.1.3 城市物联网遇到区块链

区块链与物联网，是当今智慧城市建设中的两大热门关键词。事实上，区块链与物联网存在着难以割舍的关系，可谓珠联璧合。**区块链能够为物联网提供技术支持，物联网可以为区块链打造应用场景**。这样的关系已经不是对未来的期待，而是当下正在推进的实际进展。

智慧城市建造中依托的物联网，包括传感器、车辆等物体，也包括交通信号灯等城市基础建设设施。如果从广义上看，物联网基本上能够囊括任何可以利用内设电子器件与外界进行通信的设备。

对智慧城市物联网进行区块链技术改造，有利于物联网设备与应用的生态建设，是将物联网应用于城市建设的催化剂。不妨设想这样的场景：无人驾驶汽车利用私有区块链，保证车辆的实时安全通信，这个通信网络建立于汽车与城市的物联网节点之上，其作用包括汽车起步、司机身份确认，以及利用智能合约共享保险、加油、充电、维修服务信息，还能够提供实时位置信息对车辆实现追踪。在这样的场景中，单纯依靠区块链和物联网，都无法完美实现对“万物连通”效果的打造。

从战略层面来看，根据中国移动发布的数据，2018 年全国新增物联网连接数 1.2 亿，物联网总连接数超过 3.2 亿。随着物联网连接设备数量的迅速增长，如果依然以传统的中心化网络模式对之进行管理，必然会产生巨大的数据中心基础设施建设投入、维护投入等成本。此外，由于采用中心化的网络模式，还会增加安全隐患。相比之下，区块链能够为智慧城市物联网的自我治理提供现实解决方案，可以促进物联网内设备相互的理解，从而让这些设备互相明确彼此之间的关系，实现对分布式物联网的多中心化、弱中心化控制。

具体来看，在建设智慧城市、推进智能交通的过程中，区块链可以从以下 5 个方面弥补传统物联网存在的 5 个缺陷。

**第一，基于区块链的分布式账本，能够为物联网提供信任因素，打造透明性，建立通信支持和所有权记录。**

**第二，城市物联网社区可以利用对私有区块链的开发，以前所未有的安全方式对交易的共享信息进行存储。此外，这个方式还可以同中心化服务器的物联网架构结合，将其中收集和存储的数据作为信息写入当**

地账本，再利用私有链与其他本地化账本同步，由此确保信息记录的安全性、唯一性、可信性。

第三，通过区块链技术，所有物联网上的数据交易都会添加时间戳，确保后续可以使用和验证。

第四，建立在区块链基础上的智能合约功能，可以积极应用于区块链数据的自主交易，并在物联网通信中智能执行商业条款。

第五，传统物联网在技术上的最大缺陷是安全标准的不足，而区块链具有高端加密技术，能够很好地解决这个问题。

## 9.2 区块链交通，让城市的“动脉”安全稳定

放眼全球，智慧城市已经从概念及模型阶段走入了规划与建设阶段。智能交通的推行，在其中必不可缺。位于新的历史进程中，区块链应用技术引发了万众瞩目的风口，尤其当区块链与智能交通发生碰撞之后，带来的将是更加安全稳定的城市“动脉”。

### 9.2.1 区块链让智慧城市不同

近年来，各地政府与企业纷纷在智慧城市上发力创新，运用区块链打造的智慧城市与传统城市究竟有什么不同?

真正融入区块链体系的未来城市，和之前出现的智慧城市，在各自的构成上有很大区别。区块链并不是在现有城市的物理和信息设施上加一个“智能应用”层面，而是将区块链与物联网的相关技术应用，从规划和建设阶段就部署在城市的基础设施中。为此，区块链智慧城市需要两大特点：分布式思维与开放式协作。

分布式思维需要用分布式方法构建城市。城市人口稠密，有多种多

样的商业生态、场景与企业、机构。为此，区块链智慧城市并不需要从技术上进行完整的顶层设计，不是事先规划好每个部分如何做，**而是在设计之处寻求便于区块链相互连接的开放性，允许不同领域、行业和项目之间的数据流通。换言之，采取分布式思维构建智慧城市，需要的是大量能协调配合的“数据库”，将它们融合成为整个城市的数据库，犹如将电子元件拼装成为高效运转的电脑。**

正因如此，区块链技术相对于智慧城市，并不是用于颠覆，而是对技术进行重塑，让价值能够在现有的互联网、大数据、云计算等硬件系统中实现无障碍转移。同样，区块链应用在交通领域，也是为了更好地提升城市智能交通的作用。

### 9.2.2 智慧城市的交通大脑

智慧城市的物联网建设，离不开“城市大脑”。**所谓城市大脑，是指能够支撑未来城市可持续发展的全新基础设施，其核心在于利用实时、全量的数据资源，对城市公共资源加以优化，并对城市运行缺陷做到即时修正。**目前，在智慧城市建设过程中应用最多、技术探索最深、技术进步最快的，则是智慧城市交通领域分支的“交通大脑”。

党的十九大提出，要从交通大国变成交通强国。实际上，从交通设施、出行者数量、参与者数量来看，中国确实堪称世界一流交通大国，但从“动脉”的通畅程度来看，远远不够成为交通强国。智能交通打造的综合技术平台，正是可以帮助中国实现从做大到做强的战略落地。

**从整体来看，智能交通平台的本质就是大数据平台，处理数据的能力越快，智能交通的大脑就越强，城市的“动脉”就越会通畅。**通过将区块链技术引入物联网建设，智慧城市的交通大脑相比传统城市的交通系统，能够实现以下重要突破。

**首先，城市交通治理模式突破：提升政府的管理能力，解决交通治**

**理突出问题，实现城市交通治理的智能化、集约化与人性化；其次，城市交通服务模式突破：能够更精准地随时随地向企业和个人提供服务，确保城市的公共交通服务更加高效、公共资源更加节约；最后，城市交通产业发展的突破，利用区块链管理的开放数据资源，是城市交通建设最重要的基础资源，对交通产业的发展具有强大的动力，能够促进与交通相关的传统产业转型升级。**

因此，随着区块链技术逐渐试水城市“交通大脑”领域开展业务，无论是智能信号采集，还是智能交通管理决策，整个行业在传统智能交通技术的基础上与区块链的结合，都呈现出较为一致的技术发展路线：先是大数据的融合，再是数据驱动交通状况的监测、研判与展示，随后走向利用区块链技术对交通系统效果加以评价和预测。

具体而言，区块链基于分布式的、采用智慧合约的方式，构建数据资源共享平台，能够从一开始就有效保障交通数据通信、存储与交易的安全。随着区块链技术应用的扩大，城市智能交通网络还将以车为中心，搭建包括车、企业、加油站、充电桩、停车场、交通服务、智能设备等在内的广泛交通物联网生态系统，最终确保畅通无阻的“动脉”能够带来不断壮大的交通体系。

### 9.2.3 区块链应用案例

2018 年 5 月 “Alcar 全新车联网”向市场推出，这是一款基于区块链的交通生态系统，在有效改善城市交通状况的同时，能更好地配合智能城市的构建，塑造现代智能交通新生态。

Alcar 车联网的设计愿望，是对原本无序混乱的交通状况加以理顺，将城市交通系统在线上以更便捷与有效的方式呈现出来，通过智慧平台，将所有交通参与元素，包括人、车、路、设施、天气等融合进入同一个系统中。为此，Alcar 利用区块链技术，计划通过人工智慧与区块链的结合，实现竞争力最大化。

正式推出的 Alcar，实际上是一个包括了区块链、图像识别、视频结构化与语音识别等技术构件在内的人工智能交通数据采集系统，用户只需要安装简单的车载设备即可入网。在日常行车中，用户可以随时随地获得与驾驶行为相对应的奖励，并获得各种智能行车辅助，包括实施全景路况服务、实时全景街景服务、用车习惯保险评级服务、行车违章监控即时报警服务、车辆安全防盗即时报警服务等。

在不久的将来，Alcar 系统将会同各地智慧城市建设浪潮结合在一起，通过应用区块链技术，免除不同环节中第三方审核，直接对数据信息的真伪加以验证，高效分享智能交通中的进步成果。通过类似的平台，区块链维护的不只是物理路面上的畅通，更带来智慧城市信息传输通道上的无限加速可能。

## 9.3 分布式云存储让实时交通信息安全高效

区块链正处于不断发展与成熟中，目前，各种版本的区块链（包括分布式账本技术）有着不同的优势和缺陷，想要发挥优势、弥补缺陷，就要在具体应用中与其他技术进行优势互补，形成良好的协同。

纵观我国智慧城市推进的现代化趋势，选择整合区块链技术与云存储技术，能够充分突显其优势地位，带来实际的社会效益。

### 9.3.1 云计算和存储下的智能交通

在云计算时代，云计算和大数据的应用深入社会的不同方面，其中，智慧城市和交通行业尤显突出。智能交通是未来发展的主导趋势，需要利用云计算海量的存储空间、强大的计算分析能力作为运行基础。云视频监控系统与其中的云视频智能分析技术，是云计算在智能交通中已经成熟的应用方式。

云视频监控系统能够满足智能交通管理海量数据与复杂业务的应对需求，对车流数量、车牌信息等图片、视频的数据进行实时传输、智能存储。此外，还能够根据实际需要，对这些数据进行各种条件下的检索、访问，如显示公交车站各个站点实时图像、对重点区域交通干道监控视频进行流畅播放、将多媒体数据与车辆数据融合传送等。

云视频智能技术是云视频监控系统内重要的技术应用。云视频智能技术能够做到对道路交通异常行为的智能识别与自动报警，从而大大减轻交通监控人员的工作量，并提高检测的准确度。通过食品分析，不仅能够对道路交通流量加以实时统计，还能综合分析整体交通状况。

总体来看，以视频监控和分析技术为代表的云计算和存储功能，以分布式架构为基础，能够对海量数据进行实时处理，具备了高可靠性的海量存储能力、数据处理能力与无限可扩展能力，实现了对大数据的快速提取，为共享实时交通信息提供了必要条件。

不过，在目前的环境中，云存储的数据的传统保存方式正受到威胁，传统的备份体系已经不足以保证数据安全。智能交通需要先进技术对数据保护模式加以变革，并创建新的保护模式。

### 9.3.2 云 + 区块链，交通信息新方向

虽然在目前的智能交通系统中，信息计算和存储还没有充分利用到“云 + 区块链”这种崭新的技术模式，但市场上已有的数据存储服务平台项目显示，新型的存储方式，必然在于集中交通出行者多余的存储空间与带宽资源，由区块链和云对资源进行整合利用。

当下，绝大多数数据存储模式采用单一中心体制，如阿里云、百度云等。交通数据存储也同样如此。在这种环境中，存储变成了某个中心

机构的事情，其集中性导致了效率低下又缺乏安全性。

相比之下，让云存储基于区块链，就能够提供“端到端”加密而高度分布式的存储。这种存储将不再依靠几个数据中心进行，而是跨越大量节点进行分布。由于这些分布具有对等性质，能够提供出色的数据存储性能。事实上，所有数据进入区块链云存储客户端时，都会被分割成很多小块，只留下少数用于恢复数据的片段，其中，最敏感的用户信息块被压缩到 4MB 大小，用来保护用户隐私；每个压缩块又使用客户端秘钥进行加密，托管逐级只要接收到一个加密的二进制块，不会存储文件其他部分的信息。当一个文件上传之后，智能合约就会确保托管主机在完成条款后得到完整的数据。

在这样的运行体制下，即便数据文件受到黑客攻击，也因为无法破解海量密钥而不可能恢复文件。如果黑客试图篡改数据，客户留存的加密校验文件也会提醒他们注意，从而随时取回文件并销毁云存储的数据。

## 9.3.3 区块链云存储的现状

### 1.Sia 平台

Sia 是基于区块链技术的云存储平台。Sia 系统内置代币 siacoin，该系统侧重于实现企业云存储解决。

Sia 通过节点之间的存储合约进行工作。存储合约定义了数据提供商与其客户之间的协议，包括存储哪些数据、相应的价格，并要求存储空间提供商每隔一段时间必须证明他们储存了客户的数据。

### 2.Storj 协议

这个协议用于创造分布式合约，建立并执行点对点的存储合约，允许网络中的节点相互之间进行合约协商、数据传输，并确保完整性和可用性。此外，系统还可用于数据检索和支付等流程。

### 3.FIGTOO 网络

这是一个基于区块链技术的自治共享云存储网络。通过对全球存储资源的共享，利用区块链技术，将文件进行分片储存，构建出云存储。

FIGTOO 的特点在于利用了赤链区块链技术，并对存储空间进行优化。同时，该平台使用了可调分组密码编译的方式，对文件进行了加密与解密。相比其他存储方式，FIGTOO 设定了激活码系统，作为接入设备的唯一标志，便于系统进行识别和管理，即便在更换设备或者拥有共同关系的情况下，也能保持特殊属性的统一。在商业模式上，FIGTOO 采用了共享经济的商业模式，有效形成了空闲存储空间的分享交易市场，市场中的每个人都能分享自己电脑中的空闲硬盘，并取得对应的收益。将这种模式引入交通管理或服务中，数据共享或存储系统就能产生足够的竞争力，确保每个机构都能以极低价格，使用绝对安全的方法形成存储。

区块链云存储技术的运用目前在交通领域还处于空白，但只要交通管理或服务部门发现机会，及早推进区块链分布式储存的部署，就必然会给用户带来便利。

## 9.4 未来区块链交通将走向何方

解读国家“十三五”期间的发展战略格局，我们能清晰地意识到，未来的智能交通产业将会有两个大的发展方向：现有综合交通格局的横向扩张与纵向联系；全新智能交通体系的打造。

横向扩展，意味着区域综合交通变成重点发展方向；纵向联系，是指依托大数据资源形成有效的智慧体系。全新的智能交通体系，则是指包括车联网、物联网、智能驾驶、区块链技术等新一代智能交通产业。

毫无疑问，横向扩展代表着国家城镇化发展战略持续推进产生的需求。由于社会经济发展模式从“中心城市”单一带动，向“区域协同”模式转变，与之相关的智能交通重点方向必定是横向发展的区域综合交通。而要想真正做到这一点，就要解决各个密切相关的城市之间的交通效率问题，同时考虑综合交通模式间的协同问题。

对这些问题进行解决，必须有新的着眼点与新思路。正因如此，无线宽带网络、大数据、云计算、人工智能、移动智能终端等信息技术逐一出现，同智能交通相结合，利用车联网、智能驾驶，打造出全新的交通环境与工具。而区块链技术，也必将成为其中的后来居上者，颠覆旧有的交通业态，将智能交通带入崭新阶段。

区块链交通时代的必然到来，源自智能交通发展的动力需要，也因为全球信息化进入了全面渗透、跨界融合、加速创新、引领发展的新阶段。作为这个新阶段中诞生的“天选之子”，区块链受到的重视毋庸置疑：无论是高瞻远瞩的顶层决策者，还是关注现实的市场耕耘者，都纷纷表现出对区块链技术应用在更大领域的积极态度。

2016 年年末，经国务院总理李克强签批的《“十三五”国家信息化规划》，在规划中提到：“信息技术创新代际周期大幅缩短，创新活力、集聚效应和应用潜能裂变式释放，更快速度、更广范围、更深程度地引发新一轮科技革命和产业变革。物联网、云计算、大数据、人工智能、机器深度学习、区块链、生物基因工程等新技术驱动网络空间从人人互联向万物互联演进，数字化、网络化、智能化服务将无处不在。”在历史上，这是区块链技术首次被列入国家信息化规划。

从 2017 年开始，区块链日益受到中国政府的重视与关注，虽然加大了对 ICO 项目的监管，但另一方面，在积极推动国内区块链的相关领域研究、标准化制定以及产业化发展。截至 2018 年 3 月月底，有北京、上海、广州、重庆、深圳、江苏、浙江、贵州、山东、贵州、江西、广西等多地发布政策指导信息，开展对区块链产业链的布局。其中，贵州作为国内最早占据区块链发展风口的地区，率先制定出了区块链发展战略规划并推动区块链产业，并最早形成了国内较为完善的区块链产业生态。

有了政策的“天时”，区域的“地利”，区块链技术发展还有强大的人才因素。根据相关行业的分析，技术人才、投行精英……整个知识金字塔顶端的职场人，都开始关注区块链时代的到来，其中不少人选择涌入这个领域。从市场现实来看，区块链的技术总监、运营总监、产品总监，年薪已在 40 万 ~ 150 万元。BOSS 直聘的数据显示，2018 年第一季度，区块链技术岗位平均招聘薪酬增长 31%，这高于其他岗位。即便如此，各家科技公司还是哀叹，单纯依靠薪酬根本无法“留住人”……

智能交通的事业，将要开启建设交通强国的新征程，而区块链技术不断推出的应用项目，又徐徐拉开了信息技术革新的舞台大幕。站在时代的风口上，人们可以看到，传统产业需要向更智能的方向转型发展，积极发挥现代信息新的技术，提供强大的驱动作用。而区块链带着梦想而来，挑战传统管理运营机制上的问题，清除智能交通发展面临的诸多障碍。如果这个技术在交通领域得到良好运营，解决了共性基础问题，其他的问题也将迎刃而解，带来全局影响——不仅会创造出智能交通的新局面，还会给智慧城市、智慧生活带去无尽遐想的空间。

新的梦想，必然落地生根，绽放出新的开始。智能交通与区块链的融合，宛如古老行业与现代科技的金风玉露，彼此相逢之后，必然会有无尽的精彩故事，上演在崭新的中华大地上。

# 参考文献：

[1] 过秀成 . 城市交通规划 [M].2 版 . 南京：东南大学出版社，2017.

[2] [ 以 ] 阿维什•赛德尔，公共交通规划与运营——建模、应用及行为 [M].2 版 . 关伟等译 . 北京：清华大学出版社，2017.

[3] 单春艳 . 参与型城市交通规划 [M]. 北京：冶金工业出版社，2012.

[4] 黄步添，蔡亮 . 区块链解密：构建基于信用的下一代互联网 [M]. 北京：清华大学出版社，2016.

[5] 龚鸣 . 区块链社会：解码区块链全球应用与投资案例 [M]. 北京：中信出版社，2016.

[6] 高航 . 区块链与新经济：数字货币 2.0 时代 [M]. 北京：电子工业出版社，2016.

[7] 武源文，赵国栋，刘文献，井底望天 . 区块链与大数据：打造智能经济 [M]. 北京：人民邮电出版社，2017

[8] 张健 . 区块链：定义未来金融与经济新格局 [M]. 北京：机械工业出版社，2016.

[9] 邹均，曹寅，刘天喜等 . 区块链技术指南 [M]. 北京：机械工业出版社，2016.

[10] 长铗，韩锋等 . 区块链：从数字货币到信用社会 [M]. 北京：中信出版社，2016.

[11] 徐明星，刘勇，段新星，郭大治 . 区块链：重塑经济与世界 [M].

北京：中信出版社，2016.

[12] [ 美 ] 阿尔文德•纳拉亚南，约什•贝努等 . 区块链：技术驱动金融 [M]. 林华，王勇，帅初等译 . 北京：中信出版社，2016.

[13] 杨保华 . 区块链原理、设计与应用 [M]. 北京：机械工业出版社，2017.

[14] [ 加 ] 唐塔普斯科特，亚力克斯•塔普斯科特 . 区块链革命：比特币底层技术如何改变货币、商业和世界 [M]. 凯尔，孙铭，周沁园译 . 北京：中信出版社，2016.

[15] 赵光辉，朱谷生 . 互联网 + 交通：智能交通新革命时代来临 [M]. 人民邮电出版社，2016.

[16] 赵光辉，朱谷生 . 大数据交通：从认知升级到应用实例 [M]. 机械工业出版社，2018.